Meditación para el embarazo

Meditación para el embarazo

Dedica 3 minutos diarios para un embarazo feliz

Akasha Kaur

alamah ESPIRITUALIDAD

alamah°

De esta edición:
D. R. © Santillana Ediciones Generales, S.A. de C.V., 2006.
Av. Universidad 767, Col. del Valle
México, 03100, D.F. Teléfono (55) 54207530
www.alamah.com.mx

Argentina
Av. Leandro N. Alem, 720
C1001AAP Buenos Aires
Tel. (54 114) 119 50 00
Fax (54 114) 912 74 40
Bolivia
Av. Arce, 2333
La Paz
Tel. (591 2) 44 11 22
Fax (591 2) 44 22 0
Colombia
Calle 80, nº10-23
Bogotá
Tel. (57 1) 635 12 00
Fax (57 1) 236 93 82
Costa Rica
La Uruca
Del Edificio de Aviación
Civil 200 m al Oeste
San José de Costa Rica
Tel. (506) 220 42 42 y
220 47 70
Fax (506) 220 13 20
Chile
Dr. Aníbal Ariztía, 1444
Providencia
Santiago de Chile
Tel. (56 2) 384 30 00
Fax (56 2) 384 30 60
Ecuador
Av. Eloy Alfaro, N33-347 y
Av. 6 de Diciembre
Quito
Tel. (593 2) 244 66 56 y
244 21 54
Fax (593 2) 244 87 91

El Salvador
Siemens, 51
Zona Industrial Santa
Elena
Antiguo Cuscatlan - La
Libertad
Tel. (503) 2 505 89 y
2 289 89 20
Fax (503) 2 278 60 66
España
Torrelaguna, 60
28043 Madrid
Tel. (34 91) 744 90 60
Fax (34 91) 744 92 24
Estados Unidos
2105 NW 86th Avenue
Doral, FL 33122
Tel. (1 305) 591 95 22 y
591 22 32
Fax (1 305) 591 91 45
Guatemala
7ª avenida, 11-11
Zona nº 9
Guatemala CA
Tel. (502) 24 29 43 00
Fax (502) 24 29 43 43
Honduras
Colonia Tepeyac Con-
tigua a Banco Cuscatlan
Boulevard Juan Pablo,
frente al Templo Adven-
tista 7º Día, Casa 1626
Tegucigalpa
Tel. (504) 239 98 84

México
Av. Universidad, 767
Colonia del Valle
03100 México DF
Tel. (52 5) 554 20 75 30
Fax (52 5) 556 01 10 67
Panamá
Av. Juan Pablo II, nº 15.
Apartado Postal 863199,
zona 7
Urbanización Industrial
La Locería - Ciudad de
Panamá
Tel. (507) 260 09 45
Paraguay
Av. Venezuela, 276
Entre Mariscal López y
España
Asunción
Tel. y fax (595 21) 213 294
y 214 983
Perú
Av. San Felipe, 731
Jesús María
Lima
Tel. (51 1) 218 10 14
Fax. (51 1) 463 39 86
Puerto Rico
Av. Rooselvelt, 1506
Guaynabo 00968
Puerto Rico
Tel. (1 787) 781 98 00
Fax (1 787) 782 61 49

República Dominicana
Juan Sánchez Ramírez,
nº 9
Gazcue
Santo Domingo RD
Tel. (1809) 682 13 82 y
221 08 70
Fax (1809) 689 10 22
Uruguay
Constitución, 1889
11800 Montevideo
Uruguay
Tel. (598 2) 402 73 42 y
402 72 71
Fax (598 2) 401 51 86
Venezuela
Av. Rómulo Gallegos
Edificio Zulia, 1º. Sector
Monte Cristo. Boleita
Norte
Caracas
Tel. (58 212) 235 30 33
Fax (58 212) 239 10 51

Primera edición: junio de 2007
ISBN: 978-970-770-992-8
Ilustraciones: Judith Margarita Mastache Salgado
D. R. © Cubierta: Cristina Paoli
Diseño de interiores: José Manuel Caso-Bercht Serrano
Impreso en México.

Dedicatoria

A la memoria de mi Maestro Yogi Bhajan,
como tributo,
en agradecimiento por su legado
y por haberme llevado a los pies del Guru.

A la memoria de mis padres.

A mis hijos, por sus enseñanzas.

A Felipe, mi compañero eterno.

Contenido

Reconocimiento

Humildemente, me postro ante la sabiduría del *Llap Lli* (*El despertar del alma*), poema de alabanzas a Dios, escrito por Guru Nanak, el primer guru sikh, ya que su lectura diaria por más de una década me ha dado la energía y la inspiración para desarrollar la creatividad dentro de mis clases de yoga prenatal y para escribir esta obra. Sin el *Llap Lli*, hubiera sido imposible lograrlo.

Acerca de Yogi Bhajan

En 1969, después de aceptar una invitación de la Universidad de Toronto, Canadá, para enseñar Kundalini Yoga, Yogi Bhajan llegó al Occidente proveniente de la India. Posteriormente, se estableció en Los Ángeles, donde comenzó a dar una serie de conferencias, a través de la Universidad de California (UCLA) y a trabajar arduamente como conferencista en las principales universidades, escuelas e instituciones, alrededor del mundo, transmitiendo su profundo conocimiento del ser humano.

Años después, estas antiguas enseñanzas atrajeron a miles de personas, fundándose así la Organización Healthy, Happy and Holy: "3HO, Sano, Sonriente y Sagrado" con Yogi Bhajan como director de Educación Espiritual y Mahan Tántrico del Tantra Yoga Blanco. Al mismo tiempo, se constituyó Kundalini Research Institute, KRI (Instituto para la Investigación del Kundalini).

Durante el tiempo en el que fungió como director de Educación Espiritual de la organización 3HO, recibió reconocimientos como guía mundial religioso y como defensor de la paz, manifestando siempre que su meta no era la de reunir alumnos, sino entrenar maestros. Hoy en día, miles de personas comparten sus enseñanzas, no sólo de manera informal dentro de sus ciudades, sino formalmente a través de Centros de Enseñanza 3HO, en clínicas, escuelas, clínicas de maternidad, centros de consultoría, etcétera.

En 1971 inauguró un concepto completamente nuevo de enseñanza para la mujer, mismo que ha sido motivo de cambios dinámicos en la vida de miles de mujeres. De esta idea nació el Campamento de Entrenamiento para Mujeres, y el Movimiento de la Gracia de Dios para la Mujer en el Mundo.

Dejó su cuerpo físico el 6 de octubre del 2004, rodeado de cantos de amor y del agradecimiento de quienes lo conocimos, disfrutamos y aprendimos en sus clases. Su legado vive en nuestras vidas cotidianamente y su presencia está latente en cada una de las clases de Kundalini Yoga y meditación.

Actualmente se siguen impartiendo los cursos de tantra yoga y de meditación, alrededor del mundo. A pesar de la inmensa popularidad de la forma de vida espiritual que él nos inspiró en esta era, básicamente materialista, Yogi Bhajan fue un canal humilde y puro del infinito.

En sus palabras:

"Las grandes presiones de la sociedad moderna apoyada en la tecnología científica, pueden ser aliviadas por esta ciencia del ser integral, conocida como Kundalini Yoga."

"Una tecnología de enseñanza viva es lo más grande que existe. El mundo empieza en ti y termina en ti. La corona de gracia, divinidad y dignidad debería estar sobre tu cabeza y no crearte un dolor de cabeza. Debes estar entrenada. Tienes que adiestrar tus emociones, adiestrarte a ti misma…"

"Alguien compartió este conocimiento conmigo y por la gracia de Dios yo lo acumulé. Nosotros estamos en un desierto y yo tengo un poco de agua que quiero compartir con la gente. ¿Me hace esto ser la lluvia? ¿Soy yo las nubes? ¿Soy yo el océano? No. Yo soy solamente un pequeño receptáculo de agua en un desierto, el cual la gente puede tocar con sus labios y pensar en sobrevivir. Más allá de eso, yo no soy nada."

Presentación

El embarazo es una de las etapas más hermosas de la existencia de las mujeres, porque tenemos la dicha de sentir el milagro de la vida en nuestro interior. Es un don que Dios da y aprovecharlo y ser consciente de ello, te hará inmensamente feliz, ya que te dará plenitud y la realización de lo que viniste a hacer a este plano: dar vida.

En este libro encontrarás enseñanzas ancestrales y maravillosas que, al poner en práctica, te ayudarán a tener un contacto mucho más cercano contigo misma y con tu bebé.

Aquí y ahora se te da la oportunidad de revisar cómo nutres a tu cuerpo y a tu bebé, no sólo con los requerimientos físicos, sino también con tus pensamientos y emociones; cómo generar en tu vientre la comunicación, la cercanía y el contacto con tu bebé.

En ti está la posibilidad de darle mucho más de lo que tu mente alcanza a imaginar, sobre todo en estos meses de espera brindándole la confianza de que te preparas para darle una gran bienvenida, un hermoso recibimiento en un hogar de amor, lleno de paz y armonía.

Quiero compartir contigo que mi primer embarazo lo viví muy diferente al segundo; el primer bebé nació por cesárea, entre otras cosas porque no tuve la oportunidad de prepararme y de disfrutar el embarazo de la misma manera como lo hice con mi segundo hijo, ya que conocí estas enseñanzas que me permitieron, entre otras cosas, vivir la experiencia de un parto natural, a pesar de ser muy delgada, el bebé pesó 4 200 kg, pude amamantarlo casi un año y compartir gustosa mi leche con otro bebé que lo necesitaba.

Los cuidados de mi persona y del bebé fueron principalmente por amor y en conciencia por lo aprendido en el taller Embarazo feliz con Akasha Kaur y las enseñanzas del Kundalini Yoga.

Es por ello que reitero que tienes en tus manos un tesoro invaluable que te brinda la oportunidad de vivir y disfrutar plenamente tu embarazo, y de darle a tu bebé la seguridad, la confianza y, sobre todo, fortalecer la conexión tan estrecha que tiene contigo a nivel físico, mental, emocional y espiritual.

Bríndate a ti y sobre todo a él, este regalo que bien vale la pena vivirlo.

"Él eres tú y tú eres él, uno solo en el amor de Dios aquí en la tierra"

Carolina Faure
Conferencista, escritora, periodista, conductora y comentarista de radio y televisión. Recibió la presea al periodismo 2003, otorgada por el Gobierno del Estado de México. Ex alumna del taller Embarazo feliz y practicante convencida de los beneficios de la meditación. Pero sobre todo y en primer lugar... ¡es mamá!

Introducción

Queridas mamás:

Estar embarazada trae consigo transformaciones tan intensas que harán que tu vida nunca vuelva a ser la de antes. Tu cuerpo cambiará su forma, tus emociones se saldrán fácilmente de control, y tu mente estará siendo probada constantemente. Tendrás que prepararte para recibir el alma del nuevo ser que se está formando en tu vientre y que tendrá vida independiente hasta que esté fuera de ti. Siéntete amada y bendecida por Dios y agradécele este gran regalo que será la experiencia más intensa de toda tu vida.

Al ser madre, te conviertes en la manifestación creativa de Dios. Tu vibración física, mental, espiritual y emocional atraerá el alma que se encarnará en el cuerpecito de tu hijo. Durante todo el embarazo, aproximadamente cuarenta semanas, lo alimentarás y le formarás su personalidad y carácter. Todo lo que veas, hagas, escuches, digas y hasta lo que pienses quedará impreso en su subconsciente y será el patrón que moldee sus emociones, su mentalidad y su forma de percibir la vida. Esta impresión quedará grabada en su mente, tal como si fuera el *software* de una computadora y hará que toda su vida, reaccione en la forma en que fue programada.

Durante estas cuarenta semanas tienes la oportunidad de entrenarte conscientemente como mujer y como madre. Escucha los mensajes de tu cuerpo y transforma tus costumbres y rutina en elementos saludables de vida. Manténte atenta en cada situación y experiencia, siempre dispuesta a resolver y solucionar cualquier asunto con una mente neutral. Serás el ejemplo para tu hijo y la inspiración de tu pareja; deberás asumir la responsabilidad de mantener el nido, enseñarle valores humanos y construir una vida feliz.

Necesitarás poner en práctica lo que te propongo en este libro, para que puedas confirmar que la técnica del Kundalini Yoga trabaja en los aspectos fundamentales de tu ser: tu preparación física, mental y espiritual, antes, durante y después del parto. Necesitarás el deseo y la voluntad para hacerlo. Tu hijo será la inspiración para lograrlo.

Serás capaz de crear un hogar de amor y felicidad, con seguridad y confianza, que redundará en hijos sanos de mente, cuerpo y alma, pero tendrás que comenzar por ti, reconociéndote como una mujer de luz, radiante, calmada, llena de paz y de alegría, reforzándote como el pilar y el eje que sostendrá a tu familia.

La meditación obrará cambios impresionantes en tu ser, podrás contactar la parte interna más divina que existe dentro de ti. Te apoyaré en tu experiencia de cambio y de conciencia. Permítete reconocerte como un ser de luz.

Los consejos y experiencias que te comparto son extraídos de la ciencia del Kundalini Yoga; son sencillos y fáciles de ponerse en práctica, respaldados por más de 35 años de experiencia en América, pero más de cinco mil desde sus inicios. Confía en ellos y podrás comprender que esta práctica es tan noble, que no se necesita mucho esfuerzo para sentir los cambios.

El maestro Yogi Bhajan trajo estas enseñanzas de la India en 1969. Cientos de miles de mujeres se han inspirado con ellas, en Europa, Norte, Centro y Sudamérica, Japón y África. Kundalini Yoga sabiamente prepara tu cuerpo, mente y espíritu. Al practicar las meditaciones, podrás experimentar que puedes relajarte, estar positiva y con la habilidad de enfrentar los retos de la vida. La meditación influye en tu estado mental y emocional, compartiéndolo con el bebé.

El propósito de esta obra es inspirarte para que adoptes en tu vida una meditación de *tres minutos* que podrá incrementarse en tiempo y duración, como una forma rápida y sencilla para mantenerte relajada, positiva y capaz de afrontar el reto más importante de tu vida. Utiliza este libro como una herramienta y con la práctica, descubrirás que puedes dar mucho más de ti, más de lo que pensabas. Los mantras que utilizamos son corrientes de voz que se repiten constantemente y la técnica de sonido más antigua que se conoce; su objetivo es cambiar un patrón mental, que puede ser un trauma, un complejo o un bloqueo, por una alabanza a Dios, ya que limpian el subconsciente mientras proporcionan una profunda relajación.

La técnica de respiración (pranayamas) hará que te concentres, que puedas mantener el ritmo e ir más allá del dolor. Esto permitirá que logres un parto más fácil y rápido.

Sería una bendición adicional que pudieras involucrar al papá en la práctica de la meditación, pues será tu gran apoyo durante el parto al asumir el "control de mando", además de que también logrará relajarse con la práctica.

La meditación no te garantiza un parto fácil, corto o sin dolor, pero te dará la facultad de mantenerte calmada, consciente y con la certeza de que lo que suceda será por la voluntad divina, podrás rendirte, conectarte con tu hijo, mientras respiras y te relajas durante el proceso. Muchos médicos alrededor del mundo recomiendan a sus pacientes que se entrenen tomando clases de Kundalini Yoga para el embarazo, porque han podido constatar que las madres que han estado en nuestros talleres aceptan el embarazo sin resistencia y completamente relajadas.

La práctica de la meditación no es fácil, lo complica princi-palmente la falta de fortaleza con la que hemos sido educados en estos tiempos. Necesitarás hacer acopio de toda tu voluntad, de tus deseos por tener un hijo sano de mente, cuerpo y alma así como una necesidad muy grande de sentirte calmada, rela-jada y de aceptar tu embarazo y parto.

La publicidad, los avances en la tecnología moderna, la im-portancia de "cómo me ven", en lugar de "cómo me siento", han hecho que concibamos la vida como el medio para "tener"cosas materiales, en lugar de "ser" un verdadero humano. Los valores se aprenden en el vientre de la madre. En el momento que el cordón umbilical es cortado, ahí termina tu labor más trascen-dental, en adelante, será el nuevo ser el que tendrá que hacer el trabajo. A ti sólo te quedará enseñarlo, guiarlo y orar por él.

Tendrás que aprender primero a dar, antes que a recibir. Será todo un reto para ti, pero te aseguro que lo podrás lograr. Tu fortaleza de mujer, tu intuición maternal y tu fuerza creativa di-vina, te darán el poder. Se dice que "de la forma en que la mujer vive, así será su parto".

Abre tu mente a esta nueva forma de vida. Realízate como mujer y como madre. Tal vez algunos conceptos te parecerán extraños o que difieren de la cultura o tradiciones a las que estás acostumbrada, pero te aseguro que son prácticos y dan excelentes resultados. Diviértete, expande tu grandeza y toma cada paso como viene.

Bendiciones
Sat Nam (verdad es el nombre de Dios)

Humildemente

Akasha Kaur
Maestra certificada por KRI *(Kundalini Research Institute)*

Cómo usar este libro

Este libro no es un manual, no es un compendio de innovaciones, ni de lo mejor sobre el embarazo o de estrategias diferentes para que le des vida a tu hijo. Lo que espero que encuentres aquí, es la *inspiración* para que puedas hacer un trabajo espiritual y, con ello, logres, balancear tus emociones, calmar tu mente, relajar tu cuerpo y darle más flexibilidad, desde el momento que sepas que esperas un hijo, hasta ocurrido su nacimiento, lo mismo si es el primero que si es el segundo o el tercero.

Podrás encontrar herramientas sencillas que están implícitas en tu cuerpo. No hay ninguna división en cuanto a los meses de embarazo, de tal manera que puedes comenzar en cualquier momento y practicar hasta el día mismo del alumbramiento. Es más, te sugiero que adoptes la práctica para que te acompañe por el resto de tu vida y la compartas con tu pareja y tus hijos.

También encontrarás consejos e información acerca de la filosofía del yoga para un embarazo feliz, que ha sido probada y confirmada durante miles de años, según consta en escrituras sagradas. Toma en consideración que cada embarazo y cada hijo es único, así como somos únicos e irrepetibles los seres humanos que habitamos el planeta Tierra.

Tendrás la oportunidad de aprovechar las ventajas que te ofrece la práctica del Kundalini Yoga para crecer y fortalecer tu proyección de mujer, de ser el apoyo y la inspiración de tu pareja y un ejemplo para tu hijo; además será tu contribución para enaltecer la especie y sobre todo, para elevar tu conciencia.

Este libro te ofrece la ayuda para que explores y en ocasiones hasta puedas sanar tus experiencias del pasado, tu cuerpo y las actitudes inconscientes que han marcado tu vida, así como recuperar la confianza después de haber escuchado información errónea acerca del embarazo, el parto y la maternidad. Estas herramientas te ayudarán a desarrollar profundamente los lazos con tu alma y con la del ser que llevas dentro, involucrando en el proceso, a tu pareja y a tus otros hijos, si los hay, fortaleciendo los lazos entre ustedes.

La información que incluyo es poco conocida en Occidente, ya que proviene de la filosofía del Kundalini Yoga, que tiene sus orígenes en la India. Asimismo, comparto experiencias de muchas alumnas que han asistido a mis clases, por más de doce años que llevo impartiendo clases de yoga prenatal. Los nombres son ficticios, pero las experiencias son reales.

Intenta poner en práctica la información que comparto, de manera que puedas sentir sus efectos en tu cuerpo, para que decidas si te funciona según tu formación, educación, costumbres y la adoptes como un estilo de vida.

Te sugiero que utilices este libro de la manera que te resulte más adecuada. Puedes practicar una meditación diferente cada día, pero si deseas obtener los resultados que se te ofrecen en cada una, lo ideal es practicarla *un mínimo* de cuarenta días consecutivos, sin perder uno solo, estableciendo un compromiso contigo misma, para estar y sentirte mejor. Siente la libertad de aumentar la duración de tu meditación por periodos más largos, a medida que aumente tu fortaleza y tu concentración, pero nunca más del tiempo indicado en las instrucciones.

Lee este libro de principio a fin, pero si lo deseas, brinca hasta donde encuentres algo que te pueda ayudar en alguna situación que estés viviendo en este momento. Sobre todo, escúchate a ti misma.

Otra forma de leerlo, es colocarlo cerrado entre tus manos y llevarlo a la altura de tu frente y tu nariz, pronunciar alguna oración o palabras de alabanza a Dios, en cualquier forma que lo conceptualices, sientas o conozcas, para que tu intuición se abra y te guíe hacia lo que necesites saber en ese momento. Te sorprenderás al encontrar la respuesta a lo que estabas buscando. Siempre confía.

Bendiciones
Akasha Kaur

Capítulo 1

La madre como primera maestra

—No mamá, ahora no puedo arreglar mi cuarto, estoy ocupada.

Cuando Alicia escuchó la forma en que su niña de ocho años, le contestaba a una orden que le había dado, se preguntó: "¿En dónde habrá aprendido esta niña a contestar así? Desconcertada, Alicia la confrontó: "Yo no sé a quién saliste."

Situaciones semejantes las hemos escuchado de familiares y amigos con mucha frecuencia. Sin embargo, no son producto de la casualidad. Habría que preguntarse: ¿A quién crees que pueda parecerse el hijo que una madre ha formado en su vientre, más que a su propia madre? Sencillamente, a nadie más, llevamos la información, la conducta, las emociones y la forma de pensar de nuestra madre. Incluso se dice que los niños duermen siestas similares y tienen patrones de energía iguales a los que su madre tuvo durante el embarazo.

El padre pone la semilla, la madre la información. Llevamos impreso en la mente todo lo que nuestra madre vivió durante su propia gestación, su infancia, su adolescencia, la forma en que fuimos concebidos, el entorno del hogar en que creció, la relación que llevaba con su pareja, su aprobación del embarazo, su salud física, su grado de aceptación del parto, su fortaleza, su valentía y también sus miedos, su forma de pensar, todo lo que vivió durante el embarazo, lo que vio, lo que escuchó, lo que hizo, lo que dijo y hasta lo que pensó, quedó impreso en nuestra mente subconsciente. Todo eso influyó a la hora del nacimiento y por eso, somos como somos.

Cuando Carla llegó por primera vez a la clase de yoga para embarazo, su rostro denotaba molestia, disgusto y desaprobación. Su médico, el doctor Garza, al verla en ese estado comprendió que necesitaba un tipo de ayuda que él no podía proporcionarle, pues necesitaba una práctica espiritual. Era comprensible porque toda su vida, la había dedicado a hacer deporte, tenía una escultural figura, unos 29 años y el embarazo, de apenas tres meses, venía a echar por tierra el trabajo de muchos años de esfuerzo. Sólo por la insistencia de Armando, su esposo, quien anhelaba tener un hijo, dejó que la naturaleza hiciera su parte, justo a los dos meses de haber suspendido la píldora.

Las náuseas, los mareos y los vómitos, la tenían en tal estado de desesperación y mal humor que ni ella misma se aguantaba. Armando amorosamente la consentía y le cumplía hasta el mínimo caprichito. Con la ventaja de tener los recursos económicos suficientes, Carla abusaba de su amor y exageraba los malestares.

—¿Me tengo que sentar en el piso? Fue su primera pregunta al llegar a la clase.

—Pues si, el yoga se practica en el suelo, le contesté.

Contra su voluntad y exagerando el esfuerzo, sin ocultar su intolerancia se sentó ayudada por Armando, quien con todo cuidado le apoyaba cojines para que estuviera más cómoda.

Carla todavía no sentía los movimientos del hijo que llevaba en el vientre. Tampoco sabía que todo su ser, su formación y sus pensamientos, sus anhelos y carencias, sus cualidades y talentos, sus inquietudes y angustias, sus complejos y miedos, sus enojos y bloqueos mentales, todo, pasaría a integrar parte de la mente subconsciente de su hijo, para formar sus pensamientos, su conducta y su personalidad.

¿Cuántas veces te has mirado al espejo y te agrada lo que ves? Si tu respuesta es afirmativa, felicidades, pues denotas aceptación y amor a ti misma, pero si la respuesta es negativa, entonces es importante hacer algo, antes que pasen los años y sea demasiado tarde. La buena noticia, es que mientras el bebé que esperas esté en tu vientre, hay mucho qué hacer, pero... tendrás que comenzar hoy mismo, ya que cada día que pasa de tu embarazo, es un día que pierdes la oportunidad de hacer algo por el pequeñito que está dentro de ti. Una vez que el bebé nace, sólo podrás orar a Dios por él y guiarlo, orientarlo, enseñarle, pero nunca más podrás hacer el trabajo *en lugar de él*.

Los once centros lunares

¿Te has fijado cómo cambias fácilmente de carácter? En momentos eres la mujer ideal, buena conversadora, inteligente, graciosa, pero de pronto, sin saber por qué, saltas al enojo, la depresión o el mal humor. Caramba, ¡qué hombre puede aguantarnos! Si no sabemos qué hacer con nosotras mismas.

Veamos por qué. Las mujeres estamos totalmente identificadas con la luna, por eso tenemos un ciclo menstrual lunar y así es como funciona nuestra naturaleza. Durante todo el mes estamos en constante cambio. Los centros lunares internos se mueven a través de once lugares en nuestro cuerpo, por eso, el carácter nos cambia cada dos días y medio —¡con razón!— en creciente y menguante, como la luna. .Este es un ciclo de 28 días. Cada dos días y medio, la luna se mueve a un diferente centro dentro de nuestro cuerpo, siempre en el mismo orden, pero difiere de mujer a mujer, a menos que haya un trauma mayor psicológico, mental, emocional o espiritual. Hay un centro lunar que no se mueve y se ubica en la barbilla que es el punto principal de la emoción.

Éstas son las posiciones y las características de los centros lunares dentro de tu cuerpo:

Ubicación	Estado emocional
La línea del cabello	Seguridad, estabilidad divina, claridad y conocimiento de ti misma y de acuerdo con tu esencia. Nada te puede mover. La mujer es real cuando su luna está en la línea del cabello, la línea del arco que va del lóbulo de la oreja al otro lóbulo, o su halo. Tienes la máxima radiancia.
Las cejas	Fantasiosa, ilusoria, romántica, sensitiva al tacto de las cejas, construyes castillos en el aire y Dios sabe qué más.
Las mejillas	Impredecible, pierdes el control, eres inconstante y nada moderada. Estás receptiva, te metes en ti y no te dejas llevar. Un punto peligroso.
Los labios	Verbal, interactiva, comunicativa, discreta o indiscreta. Es probable que quieras comunicarte mucho o al contrario, nadie te saca de tu silencio, buscas privacidad.
El lóbulo de la oreja	Inteligencia, discutes valores éticos pero sin realizarlos, buscas pros y contras en todo.
La nuca	Sensitiva y romántica total. Una flor o un pequeño gesto puede volverte absolutamente loca. Cuidado.
Los senos	Divina compasión, entregas todo sin discriminación. Se despierta el sentimiento materno. Regalas todo sin dolor. Puede ser un punto débil. Cuidado si te piden dinero prestado.

El ombligo	Insegura, expuesta, vulnerable. También corresponde al área que se encuentra a la misma altura de la espalda. Te sientes dominante o insegura, imperativa, con problemas de poder y descontrol con la comida.
Entre las piernas	Negativa. Sientes necesidad de confirmar tu situación con solidez. Total inseguridad.
El clítoris	Fiestera, deseosa de socializar, hablar, conocer, muy extrovertida. Te sentirás encantadora (toma precauciones para no contraer infecciones en estas áreas, durante esos días).
La membrana de la vagina	Sensual, profunda, con deseos de relacionarte sexualmente.

Estos once centros lunares deben estimularse antes de la penetración sexual para sentirnos conectadas con la pareja y lograr muchos orgasmos, obviamente si no estás embarazada, ya que el esfuerzo y las hormonas que se secretan podrían ocasionar contracciones.

No obstante estos cambios de humor, somos dieciséis veces más poderosas que el hombre. Tal vez no con fuerza muscular, pero la mujer tiene dieciséis veces más el impacto emocional, dieciséis veces más la conciencia intuitiva y dieciséis veces más el sentido de protección. Es el ser que cría a los hijos y la única capaz de convertir su sangre en leche para alimentarlos.

Cuando sabes esto, lo único que puedes hacer es confiar en tu intuición y dejarte guiar por ella. La fuerza de la mujer se concentra de la cintura para arriba, en el corazón, en la fuerza de la palabra, cuando hablas con honestidad, con transparencia y directamente; confiando en tu intuición, en la conexión con Dios y en todo a lo que está relacionado con la divinidad.

Cuando no te conectas con tu naturaleza, no hay identificación contigo misma, con los demás, con la vida y te sientes infeliz. Así como la mujer tiene un potencial ilimitado para crear, también lo tiene para destruir, por eso, debes trabajar en tu ser interno para liberarte de los sentimientos de culpa y miedo con los que hemos sido educadas.

Aunado a lo anterior, debo explicarte que el punto del ombligo es el centro emocional de la mujer donde convergen las terminales de 72 000 nervios que normalmente se encuentran en la profundidad del vientre y se distribuyen por todo el cuerpo, pero cuando nos embarazamos y al aumentar el abdomen por el crecimiento del bebé, esas terminales nerviosas, se salen de su profundidad y se colocan al nivel de la piel, provocando que te sientas muy sensible, tal vez lloras, te enojas, ríes o te deprimes con facilidad.

La herramienta más grande que tienes es este libro, con el que puedes comenzar a trabajar hoy mismo. Te garantizo que esta práctica te va a ayudar a equilibrar tus emociones, a aprender a amarte y a elevar tu autoestima, pero más importante que todo eso, es la comunicación que lograrás establecer desde antes de su nacimiento con tu bebé. Con un mínimo de *tres minutos* diarios que dispongas para tranquilizarte, respirar o cantarle a tu bebé, lograrás hacer contacto con él y con la divinidad que llevas dentro.

Si aún no estás embarazada, pero planeas estarlo, antes de la concepción tú y tu pareja deben llevar una vida saludable y hacerse una revisión médica para resolver cualquier problema por pequeño que sea, incluyendo un examen dental. Pueden también hacer dietas de limpieza, ejercicio físico, practicar la relajación, evitar el alcohol, el tabaco y las drogas, evaluar la situación financiera, y planear si deben cambiarse a una casa más grande o hacer ampliaciones en la que ya tienen. Frecuentemente, veo a algunas de mis alumnas, en el último trimestre del embarazo, con muchas presiones y gripes frecuentes, porque tienen trabajadores construyendo la habitación del bebé y el polvo que ellas aspiran afecta más que a cualquiera, ya que durante el embarazo provoca muchas reacciones alérgicas que deben evitarse, pues toser o estornudar con exceso puede provocar contracciones.

Analicen si el medio ambiente que les rodea en el hogar es propicio para el bebé, si hay demasiado ruido, o la casa es fría o húmeda. Tal vez puedan encontrar un hogar cerca de un parque, donde sea posible tomar el sol y relajarse.

Cuando Carla escuchó estas enseñanzas, no pudo evitar el asombro; sin embargo, se cuidó mucho de demostrarlo. Al principio aparentó escepticismo, pues no podía aceptar que ella pudiera catalogarse como una mujer esclava de sus emociones. Había crecido en un hogar opulento, con todas las comodidades y continuaba esa clase de vida al casarse con Armando, el hijo de un rico empresario. No socializaba fácilmente, su rostro, aunque bello, era frío y tenía un rictus de amargura y enojo.

Todo lo contrario de Armando quien, a pesar de su alto nivel social, era una persona amable, sencilla y honesta. Conoció a Carla en una de tantas fiestas de sociedad a las que asistía con frecuencia, más por compromiso que por su propia voluntad. Le gustaron sus hermosos ojos azules y su silueta perfecta de deportista consumada. Al poco tiempo de conocerse, él estaba profundamente enamorado de ella, tal vez porque había tenido algunos desaciertos al escoger relaciones que eran movidas por el interés económico de sus parejas.

Armando buscaba una compañera, una amiga, la madre de sus hijos y se casó con Carla pensando que ella podría ser la mujer de sus sueños.

Esa tarde, Carla estaba arrepentida de haber accedido a asistir a la clase de yoga si no tenía el mínimo interés en hacer nada por un bebé que no deseaba. Los ejercicios le parecían un fastidio y no encontraba el objetivo de estar ahí.

En la parte final de la clase, comenzó el canto con el bebé. Armando se situó detrás de Carla y colocaron sus manos sobre su vientre, tratando de sentir los movimientos del bebé que apenas medía unos milímetros y entonaron un canto de amor que los conmovió hasta el llanto. Carla tuvo que aceptar que se sentía llena de paz interna, que se había relajado totalmente y se le habían olvidado las náuseas, incluso hasta le había cambiado el sabor de la boca y sin quererlo, su rostro dibujaba una sonrisa de felicidad.

Capítulo 2

Atraer el alma

Una mañana soleada Ivonne le dijo a Sergio:

—Estoy embarazada.

—¿Cómo lo sabes?, le preguntó.

—Simplemente lo sé, lo siento… aquí (señalándose el vientre).

Se abrazaron amorosamente y él, incrédulo, volvió a preguntar.

—¿Estás totalmente segura? Dime que sí y me volveré loco de felicidad.

—Por supuesto, tonto, son cosas en las que una no se equivoca.

Siguieron abrazados por un buen rato, profundamente emocionados, hasta que el noticiero de la tele dio la hora.

—Corre que se nos hace tarde, dijo Sergio.

—Espera, le dijo ella, no se lo digas a nadie.

—Pero, ¿por qué no? Si sabes que lo hemos anhelado hace años y fue planeado día con día.

—No sé, sólo que no quiero que se sepa hasta que esté bien afianzado y no haya ningún peligro. No me gustaría que todo el mundo lo supiera y que por alguna razón, no se lograra.

—Siento que eres pesimista, pero está bien, mi amor, se hará como tú digas.

120 días después de la concepción

Ivonne no se equivocaba. Las enseñanzas yóguicas aconsejan que la pareja espere hasta el día 120 después de la concepción, para comunicar socialmente su embarazo. No es que sea un secreto sino que debes asegurarte que la semilla ha comenzado a germinar y la chispa se está convirtiendo en una llama.

Otra de las razones para no compartir la noticia del embarazo, es que frecuentemente se interrumpe por diversas causas durante el primer trimestre, además de que es una etapa en la que abundan los malestares y es preferible no tener muchas presiones emocionales del resto de la familia y de las amistades.

Los primeros meses del embarazo son como cuando se prepara la tierra antes de sembrarla y el momento oportuno de comenzar a prepararte para el gran acontecimiento. Justamente en el día 120, la mujer es honrada con la llegada del alma de su hijo, ya que durante los primeros cuatro meses, el bebé se ha ido formando, creciendo, madurando poco a poco para que, llegado el momento, esté completamente listo para recibir su alma. La radiancia y el estado de la conciencia de la madre es la energía magnética que atraerá el alma que deberá tener el regalo de un cuerpo humano. A partir de ese día, comenzarás a sentir sus movimientos.

La filosofía del yoga dice que hay aproximadamente 125 mil almas alrededor de ti, esperando ser la elegida para entrar al cuerpo de tu bebé. Finalmente, es el alma la que escoge electromagnéticamente el vientre de su madre. La madre, el padre, la longitud y la latitud, el tiempo y el espacio, todo juega en esta atracción al plano terrenal. Esta es una razón justificada para que comiences a hacer tu trabajo. Si puedes encontrar un lugar cercano a tu hogar donde comenzar a practicar Kundalini Yoga en compañía de otras futuras mamás, te servirá para aprender a relajarte, a hacer la caminata en meditación, a alentarse unas a otras y a meditar juntas con su bebé.

Durante estos primeros días de la gestación, las hormonas aceleradas vibran en todo tu ser, modificando tu cuerpo, tu mente y tus emociones y se convierte en la etapa más importante del embarazo, ya que de la vibración en la que vivas depende el alma que atraerás. *Tres minutos* de tu día, que dediques a tu ser, comenzarán a hacer cambios en tu mente y podrán establecer una diferencia que modifique el destino de tu hijo.

De día o de noche, sola o acompañada, riendo o en silencio, proyectas una vibración, lo mismo que si has aceptado tu embarazo, o vives rechazándolo. Una actitud de devoción, de calma, de alegría, de agradecimiento con la divinidad, como quiera que la conceptualices, atraerá un alma con esas cualidades. La meditación durante los primeros días del embarazo te ayudará a atraer un alma de conciencia elevada, para tener un hijo calmado, tranquilo, inteligente y muy creativo, sano de mente, cuerpo y alma.

Después de ese día y hasta que el cordón umbilical sea cortado, tu influencia será trascendental en la mente subconsciente de tu hijo. Los hijos son un compromiso más grande que el matrimonio, los estudios o pagar el crédito de la casa.

Lo que un hijo aprende en el vientre, no podrá aprenderlo en la tierra.

La vibración de lo que tú veas, digas, escuches, hagas y hasta de lo que pienses quedará impresa en su mente, marcando su formación y su conducta como adulto. También llevará impresos tus miedos y tus limitaciones, tus virtudes, tus talentos y tus frustraciones. Si vives en felicidad, se lo impartirás porque los hijos aprenden los valores reales al sentirlos, aunque no se pronuncie una sola palabra. Todo se le transmitirá y se convertirá en el fundamento del subconsciente de tu hijo, lo cual será la raíz de su personalidad y tendrás que asumir la responsabilidad de haber influido trascendentalmente en esa formación.

Así que escoge cuidadosamente cada palabra que pronuncies, ya que tu hijo estará escuchando la vibración que le imprimas. Si vas al cine o ves la tele, trata de que lo que veas sea relajante, feliz, romántico o hilarante, pero nunca violento. Si estás en medio de una discusión acalorada o viendo los avances de una película violenta, tal vez creas que bromeo si te digo que coloques un cojín sobre tu vientre para mitigar el sonido, ya que tu hijo podrá recibir la vibración, cualquiera que ésta sea.

Con mucha discreción, pero sin poder ocultar su emoción, Ivonne comenzó a investigar dónde podía prepararse para tomar algún tipo de entrenamiento durante la espera. Tal como se lo había pedido a Sergio, se cuidó muy bien de hacer comentarios acerca de su embarazo; ni a Cecilia, su mejor amiga se lo había dicho.

—Te noto extraña —le decía— ¿pasó algo?, ¿está bien Sergio?

—No, no tengo nada, todo está de maravilla.

Pero la mirada curiosa de Cecilia le mostró que no le creía; sin embargo Ivonne no le prestó mayor importancia.

Navegando por la red, encontró una página que la remitió a mis clases de Kundalini Yoga para el embarazo feliz. Rápidamente, tomó el teléfono y me llamó para pedir informes. Cuando llegó a su primera clase, traía una sonrisa que no disimulaba su alegría. Su felicidad era tan grande, que se notaba una radiancia de luz alrededor de ella. Su actitud era muy positiva, Sergio se sentó a su lado y los presenté al resto del grupo, entre ellas a Carla con quien se identificó porque tenían casi el mismo tiempo de embarazo.

En las clases siguientes, se notaba que Carla faltaba con frecuencia. Siempre tenía otras actividades más importantes que le impedían asistir con regularidad.

Ivonne, por el contrario, no se perdía una sola. El entrenamiento le permitía quitarse toda tensión del trabajo y se aplicaba a hacer los ejercicios por difíciles que fueran. Los días que no había clase, hacía su práctica en compañía de Sergio. Eso le ayudaba a avanzar en su práctica.

El poco interés de Carla hacía que las clases le parecieran tediosas y cansadas; sin embargo, una tarde al comenzar la meditación con el bebé, volteó a ver a Ivonne, porque le llamó la atención que cantara con tanta dulzura. Al verla tan entregada abrazando a su bebé, se sintió confundida e inquieta, por un momento no supo si hacer lo mismo o levantarse e irse. Aproveché para decirles que cantaran con más entusiasmo y desde el corazón, para que su bebé las escuchara. Carla se sintió contagiada y comenzó a cantar y a llevar el ritmo abrazando a su bebé. Por un momento, hasta pensé que se había olvidado de que el bebé le estaba transformando su cuerpo y gozaba de su embarazo.

Celebra los 120 días

En este día invita a tus familiares y amistades cercanos para que festejen contigo y tu pareja la llegada del alma de tu hijo. La celebración es para honrarte y ofrecerte su ayuda amorosa. Es una gran oportunidad para meditar en grupo, cantar y reflexionar en lo que significa recibir un alma en tu vientre. Recibe sus oraciones y sus deseos por tu bienestar y la del bebé y que sirvan de inspiración para que seas la gran maestra que guíe y enseñe a tu hijo el camino que lo lleve hacia una vida de rectitud. Acepta la ayuda que te ofrezcan, su protección y sus sugerencias para que descanses, te

sientas segura y puedas concentrarte en el crecimiento de
tu hijo.

Los 120 días de Carla e Ivonne tenían una escasa diferencia,
así es que las invité a que los celebraran juntas. Fijamos una
fecha y les propuse que invitaran a sus familiares y amistades
para que las acompañaran, y al resto del grupo le pedí que
llevaran un presente para ellas y no para el bebé, ya que es la
madre la que recibe el alma.

Carla llegó sola, argumentando que nadie la había podido
acompañar, incluso dijo que su marido había tenido que salir
fuera de la ciudad. Posteriormente, me enteré que no lo había invitado al pequeño homenaje. No obstante que era una
celebración sencilla, Armando se sintió desilusionado por no
haber estado presente, porque para él, este hijo representaba
la manifestación del amor que sentía por Carla.

Ivonne y Sergio llegaron con los papás de ambos, su mejor
amiga y la hermana de Ivonne con su novio. Todos le llevaron
regalos simbólicos, con mensajes de amor, palabras inspiran-
tes, flores y poemas referentes a la maternidad. Colocamos a
las personas mayores en sillas para que estuvieran más cómodas y a las festejadas sentadas al centro de un círculo de
velas encendidas. La música y los cantos hicieron el resto. Ivonne no cabía de felicidad. Carla, según dijo después, se sentía
ridícula, pensaba que era exagerado el motivo, ya que "Esas
creencias estaban fuera de su educación y costumbres".

Alabamos a Dios con nuestros cantos y posteriormente les
dimos sus regalos. Habían traído muchas viandas para compartir: quesos, frutas, jugo, galletas, pasteles y yo les había
preparado mucho yogui té (bebida yóguica de especias). Durante un buen rato, charlamos, reímos, les reiteramos nuestro
apoyo incondicional y les deseamos lo mejor para ellas y sus
bebés.

Hablemos del alma

¿Te has preguntado qué es el alma? ¿Cuál es la importancia que tiene en nuestra vida? La paz espiritual depende de la relación que tengas con tu alma, que es la manifestación de Dios en ti.

El alma vive en ti. No es el ego o la personalidad. No tiene sexo, no tiene nombre, no tiene raza, no tiene profesión, tampoco tiene una buena voz para cantar, ni es inteligente para las matemáticas. El alma es la energía más pura que tienes, es la fuente de amor, paz y sabiduría que habita en ti y no tiene nada que ver con el armazón que le has añadido exteriormente.

Nos aferramos al ego, al mundo exterior, a nuestra personalidad, a los títulos, a la profesión, a los sufrimientos, a muchas cosas, pero nada de todo esto dura, todo se va, todo es pasajero, todo cambia, todo desaparece. Lo único que prevalece, que está aquí, y que ya estaba aquí, es el alma. El agotamiento siempre está involucrado con el alma, es uno de los aspectos más importantes a conquistar o vencer.

El sentido de abandono es la montaña más alta que hay que escalar para llegar a la meta final de todos los traumas psicológicos que hayas tenido a lo largo de tu vida. De esta manera puedes vencer el agotamiento y sentir que el alma es importante.

Debes tener siempre presente que el alma es tu única y verdadera amiga; por lo tanto mientras más profunda sea la relación con tu alma y más consciente seas, no te importará nada de lo que pase. El alma, estará contigo para hacerte sentir la fuerza espiritual que posees como ser humano.

El alma se define como "profunda paz interna", te permite llegar dentro de ti misma y ver que estás llena de paz, lo que significa *armonía*. Tus *tres minutos*, te ayudarán a conectarte y conseguir relacionarte con ella, porque el alma es eterna, el alma no cambia, el alma va más allá del tiempo y del espacio, es la conciencia interior, el proceso interno.

Una historia real

Había una vez una mujer, era una reina madre, que estaba esperando un hijo. Le dijeron que había atraído el alma de un demonio, que el niño podría nacer desfigurado y que haría un infierno del reino y de ella. Cinco días después que el alma había entrado a su cuerpo, en el día 125 del embarazo, pudo sentir que todo estaba vuelto al revés. Le era muy difícil tolerarlo y aceptarlo.

No existía ningún rey que no tuviera un guía espiritual, así es que fue a ver al Raj Guru y le dijo: "Maestro, oh, mi Maestro, vengo a pedir tu consejo y a que me bendigas. Lo que tengo es lo que tengo. Lo que es mi karma,[1] es mi karma."

El Guru miró alrededor y dijo: "¡Oh mi Dios! De hoy en adelante, medita en el nombre de Dios. Ve a trabajar como sirvienta, hazlo desinteresada y servicialmente y practica la oración para alcanzar a Dios."

A pesar de que era una reina, se fue a lugares pobres, cocinó, sirvió alimentos y lavó platos, tenía suficientes recursos económicos, pero necesitaba obedecer a su Maestro y hacer el trabajo de sirvienta.

Cuando el niño nació tenía una sonrisa y un mudra[2] de yoga, una hendidura en el punto del tercer ojo (el entrecejo). Era santo y meditativo. En esta postura de yoga, cualquier alma puede ser limpiada. Es una fortuna que esta antigua ciencia haya funcionado para hombres santos y sabios y que ahora podamos compartirla.

---

[1] La ley cósmica de causa y efecto, acción y reacción.
[2] Posición yóguica de la mano que se utilizan para sellar el flujo de la energía del cuerpo en un patrón particular.

Después de los 120 días
Sexualidad

Las enseñanzas yóguicas recomiendan abstenerse de relaciones sexuales durante el embarazo y hasta haber transcurrido los siguientes cuarenta días después del nacimiento del bebé; no obstante, muchos médicos lo recomiendan como técnica de relajación, sin que ocasione complicaciones. Al practicar Kundalini Yoga, la técnica de relajación va implícita como parte de los ejercicios, lo cual nos muestra que no se hacen indispensables las relaciones sexuales con este objetivo, además de que nunca serán suficientes para quitar la tensión en la relación, ni para resolver situaciones o conflictos que no se hayan dialogado previamente.

Abre tu corazón

Cuando hablo de relaciones sexuales me refiero específicamente a la penetración. En la actualidad y por la forma vertiginosa en la que vivimos, muchas parejas han olvidado que el juego sexual es básico para el éxito de las relaciones. El cortejo, la caminata, las llamadas telefónicas a media mañana, los mensajes de amor en la bolsa de su saco, las caricias, el masaje, salir al cine, a cenar o a bailar, meditar y hablarle juntos al bebé acariciando tu vientre, todo esto es realmente hacer el amor y lo pueden realizar sin problemas, con la seguridad de que reforzarán sus sentimientos y lazos de amor, consolidando su matrimonio y creando una relación estable para crear juntos el futuro de su hijo.

Por la noche, al acostarse, platiquen de su día, reconozcan cada uno tres cosas que han recibido del otro y por las que tienen que sentirse agradecidos. No se interrumpan, esperen su turno, escuchen con el corazón y acepten como una bendición los mensajes de gratitud de cada uno. Háganlo como una práctica diaria y observen lo que sucede.

El baño ácido

En la séptima semana del embarazo, el líquido amniótico se vuelve ácido y si el bebé que esperas es un varón, este efecto le dejará adormecidas las funciones totales del hemisferio cerebral derecho. La tradición yóguica le llama a este proceso el "baño ácido" que influye al hombre para ser más orientado hacia el hemisferio izquierdo del cerebro. Si el bebé es una niña, el baño ácido no le afectará.

Cualidades atribuidas a los hemisferios cerebrales

Hemisferio izquierdo

- Instintivo: objetivo, práctico, con firmeza y estabilidad.
- Lógico, analítico.
- Discreto.
- Lenguaje verbal.
- Percepción numérica, matemático (siempre piensa en el dinero).
- Sucesivo, realiza una actividad a la vez.

Hemisferio derecho

- Intuitivo. Lugar donde radica lo abstracto, lo inexplicable, lo que no se puede ver ni tocar.
- El arte y la religión.
- Difuso.

- Lenguaje no verbal.
- Percepción geométrica (de formas).
- Simultáneo. Realiza varias actividades a la vez.

Si esperas una mujercita, mantendrá las cualidades de ambos hemisferios intactos y obtendrá un clítoris. El varoncito obtendrá testículos y un pene, y las funciones del hemisferio derecho de su cerebro quedarán anestesiadas; deberá aplicarse a una práctica espiritual como el yoga y la meditación, para crear armonía entre ambos hemisferios.

Capítulo 3

Embarazo de conciencia

Compromiso

En cada momento del día, tu calibre como mujer es probado, para ver si tienes la resistencia, la tolerancia y el aguante necesario para sacar adelan-

El matrimonio es la más difícil de todas las prácticas de yoga.

te tu relación de pareja. El matrimonio es el desafío al que tienes que enfrentarte para convertir cada situación difícil en una bendición. Se requiere fortaleza, serenidad, creatividad y arrojo.

La relación de pareja se fundamenta en el compromiso de ambos, haciendo un frente común ante las adversidades. Para esto es necesario que las dos partes, por voluntad propia, asuman sus responsabilidades y se comprometan a llevarlas a cabo. Dedícate a elevar tu conciencia y a honrar a tu pareja, mientras creas un hogar seguro y lleno de paz para tu hijo.

Cuando necesites tolerancia, llámala. Haz este experimento. Cierra los ojos y llama a tu tolerancia. Sentirás que llega hasta ti. La tolerancia es una sustancia, es como un objeto. El hipotálamo puede producirlo, la meditación puede dártela, pero tienes que llamarla: "Necesito tolerancia; tolerancia ven. Tolerancia, repórtate." Si puedes decir: "Tolerancia, tolerancia, tolerancia", la tolerancia estará contigo. Si llamas a una sonrisa, una sonrisa estará contigo. Llama a cualquier faceta de tu vida y vendrá a ti de manera natural.

El compromiso que requiere una relación es del 100 por ciento por parte de cada uno. Tal vez tu pareja solo aporta un 50 por ciento y pensarás que entonces sólo tienes el compromiso de dar otro 50, cuando en realidad puedes aportar el 100. Puede suceder que el 50 que aporta tu pareja, para él, signifique un 100 por ciento, porque es todo lo que puede dar. Si pudiendo dar el 100, solo das el 50, será tu decisión, pero sabrás que pudiste hacerlo mejor y no quisiste. Tendrás que asumir las consecuencias.

Cuando Graciela me platicó su historia entre lágrimas, comprendí que estaba muy necesitada de apoyo y que no tenía a nadie más a quien recurrir. Siendo hija de madre soltera, nunca imaginó que lo más probable era que la historia se repetiría con ella, ya que en su mente estaba impresa la información de su madre.

Con muchos esfuerzos, su madre le había sostenido la carrera de ingeniería de sistemas. Creció en un ambiente humilde, pero se esforzó por mejorar su nivel económico, lo que le produjo severos estados de estrés. Con un rostro agraciado y una figura menuda, atraía la mirada del sexo opuesto y logró cautivar la atención de Rubén, el gerente de la empresa donde trabajaba, sin darse cuenta que para él, ella solo era un nombre más, que añadía a su ya larga lista de conquistas.

—Pero, ¿nos vamos a casar, verdad? —Le preguntaba Graciela con una angustia que no podía disimular, al decirle que esperaba un hijo de él.

—Por supuesto que no, le contestó Rubén, tengo un gran ofrecimiento por parte de la empresa para trabajar en Canadá y tú no entras en el proyecto.

Los ojos de Graciela se llenaron de lágrimas; esas palabras fueron suficientes para que se convenciera de que Rubén no tenía la mínima intención de consolidar con ella una relación seria. Para entonces, su embarazo era ya de dos meses. En un principio se sintió desesperada y trató de provocarse un aborto con remedios caseros, sin conseguirlo.

Después de varios intentos fallidos, se resignó a tenerlo y llegó a mi clase con un rostro cuya sonrisa se había borrado por completo y en su lugar aparecía una mirada llena de angustia y un rictus de preocupación.

Tuvo que asistir a las clases durante varias semanas para lograr relajarse. Conforme hacía las respiraciones y los ejercicios para quitar la tensión, pudo sentir que una calma la invadía, poco a poco fue relajando sus hombros y con constancia, logró mantener su mandíbula relajada y sus dientes separados, que se habían desgastado por mantenerlos apretados.

La fecha que tenía programada para el nacimiento del bebé, era casi la misma de Carla e Ivonne, con diferencia de algunos días, de tal manera que las tres se unieron para comentar entre si sus experiencias.

Aquellos que no conocen el arte de la felicidad, no pueden ser sanos, porque la pena y la tristeza gravan con un impuesto la salud del cuerpo.

Carla siempre sofisticada, parecía no agradarle nada. Había crecido entre niñeras e internados y decía que nunca le había hecho falta la presencia de su madre, quien se dedicaba a la política y se sentía satisfecha con haberles dado a sus hijos una casa llena de comodidades, coches con chofer, las mejores escuelas e internados y vacaciones varias veces al año, que les había permitido conocer todo el mundo. Sin embargo, Carla se quejaba de todo, nada le acomodaba y no perdía oportunidad de mostrar su intolerancia hacia el embarazo, esperaba ansiosa que terminara, no tanto por tener a su bebé en los brazos, sino para ponerse a dieta y recuperar su figura.

—¡Subí un kilo y medio en un mes! —Exclamaba desesperada—, si sigo así, voy a parecer luchadora de sumo.

—No exageres Carla —le contesté—, lo normal es entre nueve y doce kilos, no hay que alarmarse, sólo come lo más sanamente posible.

Ivonne, por el contrario, disfrutaba cada momento de su día, incluso había dejado de trabajar para dedicarse por completo a su práctica diaria, a hacer los ejercicios permitidos, a descansar y a preparar alimentos ricos en nutrientes, que disfrutaba en la compañía de Sergio.

—Desde que dejé de trabajar, me siento otra —comentaba en clase—. No me había dado cuenta de que aunque mi trabajo era sencillo, el hecho de estar en la oficina cubriendo un horario es muy estresante.

—Fue una gran decisión, difícil de tomar, pero ayuda mucho a disfrutar del embarazo —le respondí.

Graciela, que tenía menos tiempo de practicar yoga, se impuso hacerla en casa para "alcanzar" los logros de sus amigas. Poco a poco, al abrazar a su bebé y percibir los movimientos dentro de su vientre, se despertaba en ella el sentimiento maternal por proteger, amar y darle seguridad al bebé.

—Hablo con mi bebé todos los días —decía—. Se nos ha hecho una costumbre, pareciera como si reconociera la hora, porque se pone muy inquieto hasta que me siento a cantarle.

—No es casualidad, le comenté. Los bebés en el vientre aprenden tus hábitos de comer, de dormir y por supuesto de meditar, porque sabe que estás compartiéndolo con él.

Comunicación

El compromiso del matrimonio precisa que la comunicación entre la pareja sea la adecuada. Para esto, tenemos muy buenos consejos:

Si marido y mujer no pueden sentarse a platicar con honestidad, no habrá psiquiatra, ni psicólogo, ni ministro o consejero que pueda lograrlo. La falta de honestidad en la relación es la causa de irritación y peleas.

Como pareja debes buscar la honestidad, porque sin ella no hay esperanza de tener un matrimonio de éxito. Lo que más puede

Si no eres honesta en tu forma de hablar, nunca serás feliz.

ofenderte como mujer y acabar con tu matrimonio, es cuando quieres hablarle a tu pareja y él no te escucha.

Puedes echar tu parloteo cuando las dos cabezas estén sobre la almohada, así él no puede escapar de ti. Si no te está escuchando, empezará a roncar y entonces tendrás que dejar de hablar.

Tu palabra es tu alma. Valora, practica y prueba tu palabra. Todo lo que piensas o dices es un mantra[1] y te perseguirá toda la vida. Si das tu palabra, no debes echarte para atrás, aunque te vaya la vida en ello. Si quieres saber como hablas, graba tu voz y escúchate después de 72 horas. Te darás cuenta de muchas cosas con este método.

Vicky no sabía qué hacer para llevarse bien con su suegra, lo había intentado todo, pero había sido inútil. Lo que más le molestaba es que Raúl, su esposo, no la apoyaba. Tenía que soportar que su suegra siempre la estaba corrigiendo en su forma de vestir o en el arreglo de su casa, decía que a Raúl solo le gustaban los guisos que ella le preparaba, incluso hasta le pedía a su hijo que le diera sus camisas para que se las planchara porque Vicky no lo hacía bien.

Con cinco meses de embarazo, a Vicky se le había desarrollado aversión por la señora. Sólo de escuchar su nombre, se le

---

[1] Corriente de sonido.

erizaban los cabellos, hasta dejó de contestar el teléfono, por temor a que fuera ella y no poderle hablar con amabilidad. Sin embargo, Raúl ni se daba cuenta o sencillamente no le importaba, a pesar de que ya habían tenido serias discusiones para resolver el asunto.

— Es mi madre —decía él—, qué quieres que haga.

Cuando me lo platicó después de una clase, le sugerí que platicara con él y utilizara esta técnica ancestral de los yoguis, que es infalible:

Tip de los sabios

Los esposos más calmados generalmente tienen signo de Tierra (como Tauro, Virgo y Capricornio) y no les gusta hablar. Nunca lo confrontes cara a cara. Sácalo a caminar, haz que se mueva y entonces discute; estarás a salvo.

Como los esposos de Fuego (Aries, Leo y Sagitario) son comelones por naturaleza, puedes dialogar con ellos cuando estén deleitándose opíparamente.

Los de Aire (Géminis, Libra y Acuario), son muy buenos cuando se levantan, con el primer aliento, pero si lo haces por la tarde, ¡tendrás un oso a tus espaldas!

Si tu esposo es de signo de Agua (Cáncer, Escorpión y Piscis) y te dice que está contento, ¡atrápalo!

El ser humano honra la palabra, muere por la palabra y vive por la palabra.

La comunicación es el regalo más grande que Dios nos ha dado. No importa lo que hagas o digas, lo que en realidad importa es desde qué centro energético de tu cuerpo te estás comunicando. Si hablas desde el estómago,

La mujer que habla más, es la que sufre más.

estarás en problemas, porque es el centro de las emociones. Si hablas desde el corazón tu lenguaje será dulce, estarás sintiendo compasión, o sea poniéndote en los zapatos del otro, que no significa precisamente sentir lástima, entonces puedes mover el mundo entero.

Generalmente, la mujer usa lenguaje de indicación (señalando con el dedo índice, diciendo lo que debe o no debe hacerse); de discusión (pensando que siempre tenemos la razón sin escuchar la razones del otro); de pelea (imponer nuestro punto de vista a toda costa).

La comunicación necesita de tres elementos básicos: la paciencia, la tolerancia y la humildad. Sin esto, nunca tendrás éxito y sólo habrá dolor en tu corazón.

El lenguaje de una mujer debiera ser de reverencia y respeto. Cuando hablamos sin recato, somos peor que el cáncer, peor que un ataque al corazón, peor que cualquier abuso, mucho peor que el pecado.

Sólo escupes y dices lo que quieres, después tienes que dar explicaciones y disculpas. Hieres a alguien profundamente y ya no lo puedes reparar. Cuando le hables a la gente, no hagas juegos, ni chismorres o seas exhibicionista. Simplemente habla con rectitud, de corazón a corazón.

Le sugerí a Vicky que no entrara en discusiones con Raúl, pues a ella y al bebé les afectaría mucho y que antes de tener una conversación seria con él, con objeto de resolver la situación, hiciera varias respiraciones largas y profundas, para calmar su mente y ordenar sus pensamientos.

También le di algunas sugerencias que pueden serte de mucha utilidad. En ocasiones, existen situaciones en el matrimonio que no se pueden resolver fácilmente, porque el diálogo se convierte en discusión. Pero si en realidad te interesa encontrar una solución, trata lo siguiente:

1. Conversa en lugares neutrales, nunca lo hagas en su territorio (su coche o su oficina, tampoco en el tuyo, la casa o la recámara).

2. Debes hablarle en forma diagonal, no de frente, para evitar que su nariz la dirija a tu barbilla que es el punto lunar de la mujer y nuestro "talón de Aquiles".

3. Trata de mantenerte en movimiento para evitar "engancharte" con su enojo.

4. Cuida la expresión facial (separa tus dientes), especialmente la mirada (teniendo sus ojos a la misma altura que los tuyos), la postura corporal (un poco inclinada hacia el frente, en actitud de "me interesa lo que tienes que decirme"), el tono muscular (relajado, en vez de "en guardia"), el ritmo respiratorio (que debe ser lento, largo y profundo), el tono de la voz (suave), la gesticulación (sin "hablar con las manos").

5. Habla despacio, golpeando el paladar con la punta de la lengua (esto hará que tus palabras le alcancen la pituitaria y te escuche con todos sus sentidos, además que te obligará a hablar más despacio y claro) y míralo a los ojos (al mismo nivel, o sea que no estés parada y él sentado, pues es símbolo de autoridad como si le dijeras "Aquí se hace lo que yo digo").

6. Si se muestra molesto, en cuanto te sea posible, salte de su aura[2] (puedes decir que vas al baño o a tomar agua). Esto hará que se interrumpa la confrontación y se enfríen los ánimos, como un comercial durante una película de terror.

7. Marca un tiempo para que cada uno haga su exposición, sin juzgar ni interrumpir.

8. Habla en primera persona (ejemplo: "me siento....", "me lastima...", "me molesta...", "me hace sentir mal..."), nunca reproches ni culpes;

9. Proponer, a través de una lluvia de ideas, soluciones para resolver el conflicto, por ambas partes.

---

[2] Campo de energía electromagnética.

10. Estar dispuestos a ceder.
11. No volver a tocar el tema.
12. Renovar el contrato de amor.

Si lo vas a confrontar, es muy importante que:

- Nunca utilices palabras rudas.
- Utilices lenguaje que te enaltezca.
- No pronuncies palabras vulgares.
- El tono de tus palabras y tus modales no pierdan la gracia.
- Te retires cuando la conversación pierda la gracia.

Comunicación compasiva

Éstas son tres llaves para un matrimonio exitoso, y muy útiles para toda relación. Estas frases no muestran sumisión. Activan un estado de conciencia compasiva, que puede sanar un conflicto.

Lo siento
Estas palabras abren la comunicación y la compasión. En este estado de conciencia, le estás comunicando a tu pareja que te preocupan sus sentimientos, que son reales. Estás confirmando que reconoces su dolor y asumes la responsabilidad de tus acciones.

Tienes razón
Estas palabras muestran humildad. Estás aceptando las opiniones y las verdades de la otra persona como real y válida. Estás mostrando respeto por la pareja.

Es la voluntad de Dios
Estas palabras aclaran toda culpa y expresan la conciencia de rendirse. En este estado de conciencia, reconocemos que los

conflictos de la vida y el matrimonio han venido a nosotros a través de la voluntad de Dios como lecciones y oportunidades para aprender a crecer juntos.

Fantasías de la vida actual

Estamos viviendo la era del "cómo me ven", en lugar del "cómo me siento". Las películas, la moda, la publicidad y la televisión, entre otras cosas, influyen drásticamente en nuestra forma de vida. Por un lado, nos muestran parejas perfectas, en donde ambos son hermosos y con cuerpos atléticos, se aman profundamente y viven en hogares felices. Pretendemos que nos conquiste el príncipe de ojos azules y cabello rubio y para eso, nos afanamos en parecer "Barbie", aunque se traduzca en anorexia o bulimia. Vemos a actrices y modelos con rostros hermosos, con cuerpos fabricados a base de silicón y cirugías, llenas de *glamour* y se convierten en el prototipo de las jóvenes, como si eso fuera suficiente para hacer hogares felices, con valores y bases sólidas.

Finalmente: "Si mi matrimonio no funciona, me divorcio". Soluciones rápidas para problemas profundos, que sólo ocasionan más problemas, más dolor y los más afectados son los hijos. Buscas al hombre ideal, sin tener una noción de lo que es ideal. Jóvenes adolescentes brincan de una pareja a otra buscando mostrar su sensualidad como un gancho que los atrape, mientras no se aburran, para correr en busca de una nueva aventura.

Pero, ¿quién les ha dicho que necesitamos un hombre para que nos "haga sentir mujer"? Si la mujer es la máxima creación divina, entonces, ¿en qué momento se equivocó el Creador? o ¿qué ingrediente nos hizo falta, para que sea un mortal el que nos lo venga a dar? La mujer, por la gracia divina, tiene la facultad de engendrar un hijo en su vientre y convertir su sangre en leche. El hombre sólo pone la semilla, todo lo demás, lo hace la madre.

Los regalos para tu hijo

1. Sin embargo, es menester que la pareja que tiene planeado formar una familia y decide tener un hijo, deba tener previsto lo que puede ofrecerle a ese hijo. Una relación de pareja consolidada, confiando uno en el otro para estar juntos en las buenas y en las malas, mientras juegan, ríen, se aman y se anima uno al otro.

Una relación se puede manifestar en tres estilos:

1. Viviendo *de* alguien, la pareja se explota uno al otro.
2. Viviendo *con* alguien, la pareja une sus fuerzas para inspirarse hacia la felicidad.
3. Viviendo *por* alguien, la pareja está dispuesta a fundir su material mental y fortaleza espiritual para elevarse uno al otro.

El tercer tipo de relación te hará inmortal; la segunda te hará feliz y la primera te hará miserable.

El matrimonio exige esforzarse día con día para que funcione. Es como una planta, tienes que regarla, cuidar que le dé el sol y el aire, remover y fertilizar la tierra, quitarle las hojas secas y hablarle con amor.

Cada criatura al nacer, nos trae el mensaje de que Dios todavía no pierde la esperanza en los hombres.

Rabindranath Tagore

Igual es el matrimonio, tienes que ser tan creativa que cada día tu pareja sienta el deseo de regresar al hogar, sin importar los distractores de afuera: las minifaldas, las miradas de

"Espérame a la vuelta", los escotes provocadores y los cuerpos esculturales, hechos a mano. Él podrá verlos como quien admire un desfile, pero será tan inspirante lo que le ofreces en casa, que podrás estar segura que siempre regresará a ti. Este trabajo te mantendrá tan ocupada, que no tendrás tiempo para aburrirte.

Así es como harás que tu matrimonio sea sagrado, en donde pase lo que pase, cumples con la promesa que le has hecho a tu más alta esencia de pareja. Si faltas, el matrimonio se volverá un contrato sexual, físico, material y emocional transitorio.

El matrimonio tiene el potencial de ser un carruaje que te lleva al infinito. El matrimonio sagrado ofrece amalgamar a dos seres. Si pones cobre y zinc juntos, al final obtendrás una nueva aleación de latón. No es cobre ni zinc. En la institución del matrimonio, las dos personas se entremezclan totalmente. Pierden su ser individual y definido, fundiéndose en una nueva aleación, socialmente reconocida como una pareja de casados.

El matrimonio es un "espacio sagrado", donde la pareja cumple su destino a través del servicio, la comprensión, el respeto y la inspiración, apoyándose uno al otro y vibrando como *una sola alma*.

El padre cuida el entorno para que la madre pueda sentirse segura para criar y servir a los hijos. El hombre no es la seguridad de la mujer o su estabilidad; él da la protección y proporciona un medio ambiente donde la seguridad y estabilidad financiera, social, mental y espiritual puedan manifestarse.

2. Aceptar el embarazo. Dentro de mis clases, he encontrado a futuras madres que llevan aún su hijo en el vientre y ya han decidido que en cuanto nazca, se lo van a *endosar* a la abuelita, a la mamá o a la suegra, para que se los cuiden mientras ellas continúan trabajando.

Por qué quitarle a tu hijo el derecho de que su madre esté cerca de él, justo cuando acaba de salir de tu vientre y comienza a conocer el mundo exterior, sin considerar que el único mundo que conocía hasta antes de nacer, eras tú.

Sofía me había respondido: "Bueno, es que tengo un trabajo en el que recibo un muy buen salario y me estoy desarrollando profesionalmente". Y yo me pregunto: si tu deseo es desarrollarte profesionalmente y tener un puesto de alto nivel con un buen salario, ¿por qué decidiste embarazarte? Podrías haber continuado con lo que hacías sin involucrar a un nuevo ser, que te necesita; sin embargo, estás dispuesta a sacrificarlo por lo que en realidad deseas en la vida, tu desarrollo personal.

Es bastante egoísta que una madre piense así y se vale no querer tener hijos. Es más sano para la mamá, para el hijo y para la sociedad. Lo que no se vale, es aceptar un embarazo a sabiendas que no le vas a dar a ese hijo la atención, los cuidados, el tiempo y el amor que necesita para subsistir y para desarrollarse plenamente, como un ser de luz, bienamado, esperado, con un hogar seguro y un futuro, aunque incierto, con el deseo vehemente de darle lo mejor. No estoy a favor de promover el aborto por causas injustificadas, pero sí estoy a favor de hijos deseados, que vengan a hogares felices, con padres que se amen y tengan relaciones consolidadas. Antes de los 120 días de gestación, el aborto no destruye propiamente al bebé, ya que el alma no se ha encarnado aún, pero definitivamente no puede utilizarse como un método anticonceptivo. Cuando la madre da vida a un hijo no deseado, crecerá con una gran carencia de amor durante su vida. Sin embargo, es la madre quien deberá tomar la decisión.

3. *La llegada de los hijos debe planearse.* Lo que sobran son métodos anticonceptivos, que aunque ninguno es efectivo

al 100 por ciento, al menos dan la oportunidad de programarlos. Ten muy claro en tu mente que cada vez que tienes una relación sexual, hay un 99 por ciento de probabilidades de que quedes embarazada. El único anticonceptivo 100 por ciento seguro, es la abstinencia.

Durante más de una década impartiendo Kundalini Yoga prenatal, he tenido alumnas que se embarazaron con el dispositivo, con la píldora, con preservativo y también las he tenido que llevan años en tratamientos de fertilidad, con inseminaciones mes con mes y no lo logran. Hay quienes a sus casi 40 años, con una familia de dos hijos adolescentes, pensando que ya habían terminado de formarlos, sin esperarlo, viene el "pilón". El descontrol por la sorpresa es muy fuerte. Les toma varios meses aceptarlo, algunas entran en depresión severa y hay quienes, sin aceptarlo plenamente, lo tienen a regañadientes.

Tienes que comprender que la voluntad divina es la que nos rige y si está en tu destino embarazarte, sucederá aunque utilices el método más efectivo. Entonces, en pareja, planeen bien por si les toca. Necesitarán estabilidad emocional y financiera, acuerdos en su educación, asistir a clases prenatales y a la escuela de padres, así como a estar dispuestos a aceptarlo desde el alma, si Dios se los manda.

Tip de los sabios

Si bajo cualquier circunstancia grave te sientes en desventaja en una relación amorosa, haz respiraciones largas y profundas por *tres minutos*. Tu poder descansa en la respiración por la cual vives, la respiración de la vida. Mientras más largo y profundo respires, más se fortalecerá tu diafragma y cumplirás mejor esta función. La respiración larga y profunda te dará mucho oxígeno. Tu sistema glandular comenzará a secretar hormonas, y mejorarán los químicos de la sangre (ver instrucciones en la página 285).

4. *Deberás prepararte físicamente para embarazarte.* Elevar tu espíritu y conectarte con tu más alta conciencia. Pronuncia alguna palabra que te conecte, como SAT NAM, HOSANNA, ALELUYA, GLORIA, SHALOM, PAZ, DIOS, lo que para ti tenga sentido. Deberás practicar diariamente la meditación, yoga, cantar, leer libros inspiradores y escuchar música que te enaltezca y pueda ayudar a darte paz mental. Todo lo que haces afecta a ambos, a ti y al bebé que no ha nacido. Actividades espiritualmente enriquecedoras despiertan el amor y la comodidad en tu hijo para buscarlas posteriormente en la vida.

Todas las mañanas, al levantarte, ofrece una palabra a Dios en agradecimiento por el día que te acaba de conceder. Coloca tus manos sobre tu vientre, piensa en tu hijo, visualízalo, inhala profundamente y llénalo y llénate de energía positiva. Exhala y relájate. Trata de mantenerte ahí un mínimo de *tres minutos*, sólo sintiendo tu cuerpo, sus movimientos, la presencia divina dentro de ti. Sería ideal que pudieras compartir estos momentos con tu pareja.

Vale la pena levantarse cinco minutos antes de lo que acostumbran, para entregarse a unos instantes de paz, amor y armonía, antes de comenzar el día.

¿Sabes por qué no hay paz en esta Tierra? Porque no se respeta a la mujer. Si el hombre que ha nacido de una mujer, no aprende a respetarla, nunca aprenderá nada.

Si un árbol es separado de sus raíces, ¿cómo puede vivir? Cuando no respetas a una mujer, pierdes las raíces de tu inteligencia, de tu espíritu, porque la mujer es el espíritu.

Capítulo 4

Cómo comenzar

El lugar

Crea un espacio sagrado dentro de tu hogar. Toda mujer que se precie de serlo necesita un lugar, un pequeño altar para estar consigo misma, para conectarse con su ser interno, con su alma, para orar por sus seres queridos, para encontrar paz. Un altar puede ser la extensión terrenal de tu espíritu.

Busca un lugar en tu hogar, tal vez en tu propia habitación, asegúrate que esté limpio. No se necesita mucho espacio, tal vez un rinconcito, donde coloques una mesa bajita cubierta con un paño de tela limpia, una flor, una vela, una mala,[1] una varita de incienso, la imagen de seres inspiradores y las fotos de tus seres amados. Coloca algo para sentarte que puede ser: un tapete, una carpeta, una toalla gruesa o una piel de borrego y sobre ella, un cojín para que estés más cómoda. Éste será tu espacio sagrado.

Tu preparación física

Tu cuerpo debe mantener una temperatura agradable, sin que sea demasiado caliente para que no te duermas. Te sentirás

---

[1] Cuentas para meditar.

mejor si no has comido abundantemente en las últimas dos horas. Viste ropa cómoda y holgada, de fibras naturales y preferentemente de colores claros, lo que hará que se expanda tu campo de energía (aura) por más de cincuenta centímetros. Descalza tus pies para que puedan "respirar" y se activen las 72 000 terminales nerviosas que se alojan en la planta y que estimulan la energía a través de todo tu cuerpo. Cúbrete con un chal (si hace frío) y cubre tu cabeza con un pañuelo de algodón, para que te ayude a mantener la concentración. El cabello es como nuestra antena, recibe toda la energía exterior, por eso la cubrimos. Si utilizas estas ropas únicamente para meditar, mantendrán cierta vibración meditativa que te relajará con sólo ponerlas sobre tu cuerpo.

Carla había comenzado a practicar la natación a los siete años. Su pasión eran las competencias porque le gustaba la sensación de la adrenalina en los momentos antes de alcanzar la meta y saber que siempre obtenía el primer lugar. Posteriormente, siguió con el atletismo, el tenis y la gimnasia acrobática.

Su cuerpo había adquirido una total perfección, de tal manera que se resistía a aumentar de peso. Continuaba haciendo vida social con sus amistades y con el pretexto de la llegada del bebé, hacía constantes compras de artículos innecesarios. Siempre tenía algo que hacer, por las mañanas, no perdonaba ir al club deportivo a hacer sus rutinas y por la tarde, las amigas, las compras o el cine. Difícilmente, lograba quedarse en casa, decía que se aburría terriblemente. Le sugerí que comprara libros acerca del embarazo y el parto, para que se introdujera en el tema, pero me respondió que la lectura le cansaba.

Hubiera continuado así durante todo el embarazo, de no haber sido porque de pronto, después de uno de sus ajetreados días, sintió un dolor muy intenso en el vientre. Tenía escasos cinco meses de gestación y su umbral del dolor era bastante bajo, no soportaba ni la más mínima molestia. Rápidamente, le llamó al doctor Garza, quién le dijo lo que tantas veces había escuchado en las clases de yoga prenatal y le había parecido exagerado: el embarazo no es una enfermedad, al contrario, porque estás sana, es que has podido embarazarte, pero necesitas descansar y bajar el ritmo de tus actividades. Como Carla se sentía bien, decía que no tenía necesidad de tanto descanso, hasta que le vino el dolor, que para ella era insoportable.

—Hágame algo doctor, es muy fuerte el dolor —decía.

—Cálmate Carla, no es para tanto —le contestó el doctor Garza—, aún no sabes lo que es una verdadera contracción. Esto sólo es un aviso. No hay por qué alarmarse, solamente necesitas descanso y tomar tus actividades con calma.

Se quedó en casa esa tarde; sin embargo, a la mañana siguiente, Armando la obligó a quedarse nuevamente, por supuesto, contra su voluntad:

—Recuerda lo que te dijo el médico, no abuses —le dijo amoroso.

—Son muy exagerados, yo me siento bien, si no hubiera sido por el dolor —refunfuñó.

—Pues entonces no provoques que suceda algo peor. Mejor cuídate un poco, quédate unos días en casa y verás que van a estar bien tú y el bebé.

Enfurruñada y haciendo gestos de niña malcriada, se quedó ese día, pero al siguiente, cuando Armando se fue a trabajar, se escapó con el pretexto de ir a visitar a su mamá. Se fueron juntas de compras, al salón de belleza y después a comer. Por la tarde, volvió a tener dolores, que no se calmaron ni cuando se acostó, así es que volvió a llamar a su doctor, quien la regañó y la hizo prometerle que se quedaría en casa, al menos por el resto de la semana.

Cuando Carla me llamó para platicarme por qué no había asistido a las clases de yoga, le dije que había sido un aviso de que se estaba extralimitando en sus actividades y que si obligadamente tenía que quedarse en casa, aprovechara para hacer sus *tres minutos* de meditación cada día.

—Ay que flojera, prefiero ver una película —me contestó.

A mi insistencia, sólo alcanzó a responder:

—No te prometo nada, pero lo voy a intentar.

—De acuerdo —le dije— al menos mientras estés en casa.

La postura

Estás totalmente lista para la primera y más sencilla de las posturas: la postura fácil. Siéntate con las piernas cruzadas sobre la piel y coloca el cojín o una sábana doblada, debajo de tus glúteos. Si por cualquier razón no puedes sentarte sobre el piso, entonces siéntate sobre una silla, con la espalda recta, sin recargarla en el respaldo, apoyando las plantas de los pies sobre el piso. Si no alcanzas el piso, tendrás que sentarte al borde de la silla. Las rodillas deben estar un poco separadas para relajarlas. Mantén la espalda lo más recta que te sea posible. Imagina que estás siendo jalada del cabello hacia arriba, lo que hará que tu espalda esté derecha y la barbilla un poco inclinada hacia la garganta, sin doblar la cabeza.

Relaja los hombros y baja el pecho, cierra los ojos y trata de girarlos para concentrarlos en medio de tus cejas, justo donde comienza la nariz. Éste es el punto del tercer ojo, fuente de la intuición. Si sientes alguna molestia es porque estás jalando el nervio óptico, pasará rápido, sólo mantente.

Relájate en esta posición, pero no permitas que tu espalda se doble. Doblar la espalda tiene el mismo efecto que cuando estás regando el jardín con una manguera y tu niño, haciendo una travesura, la dobla con sus dos manitas. El agua dejará de salir. Lo mismo pasará con la energía que está en la base de la columna y que queremos elevar hasta lo más alto de la cabeza.

Comencemos por lo más sencillo

¿Te has fijado cómo respiran los bebés? Suben el abdomen cuando inhalan (meten) el aire y lo contraen al exhalarlo (sacarlo). Es la forma natural y correcta de respirar. Con el paso de los años, las prisas, el ir y venir de todos los días y sobre todo el no tener contacto con nuestro cuerpo, hace que lo olvidemos y respiremos automáticamente sin reparar en hacerlo correctamente.

Respiramos con la parte superior del pecho, obligando a que el diafragma se contraiga y que alojemos en el cuerpo una mínima cantidad de aire, de prana[2] y por supuesto de oxígeno, que es lo que ocasiona graves estados de estrés.

Respira conscientemente

Yama significa control. Pranayama, es el término que utilizamos en yoga y significa control de la respiración. Cierra tus ojos para que puedas concentrarte mejor. Coloca relajadamente las manos sobre las rodillas, con las palmas hacia arriba y los codos estirados. Presiona la punta de los dedos pulgares contra la punta de los dedos índices de cada mano. A este mudra[3] se le llama gian (se pronuncia llian) mudra y desarrolla la sabiduría.

---

[2] Energía vital o fuerza de vida.

[3] Posición de las manos.

Comienza a inhalar llenando primero el estómago, lentamente. Continúa metiendo aire y ahora llena los pulmones, sin cambiar el aire del estómago hacia arriba. Retén un momento el aire dentro antes de comenzar a exhalar. Revisa que tus dientes estén separados y los hombros y el pecho, sin tensión, relajados, abajo.

Ahora comienza a exhalar, liberando primero el aire de los pulmones, relajando el pecho y hasta el final, sacando el aire del estómago, tratando de contraerlo un poquito, como jalando el punto del ombligo hacia tu columna. Hazlo tan lento que puedas lograr hacer como máximo, cuatro o cinco respiraciones en un minuto. Un reloj digital podrá ayudarte.

Intenta hacerlo y podrás observar que ¡te cuesta trabajo! Pero no es imposible, tendrás que entrenarte, porque esta respiración te será de gran ayuda durante el parto, ya que te mantendrá relajada, segura y concentrada en el gran trabajo que tienes por hacer. Al expandir la capacidad pulmonar, se estimula la glándula pituitaria que regula todas las hormonas del cuerpo. La respiración puede ser voluntaria y no forzada, no necesitas aprender técnicas complicadas, además es el mejor ejercicio.

¿Que es meditar?

Mucha gente lo pregunta y algunos dicen o creen que es poner la mente en blanco. ¿En blanco? Es casi imposible lograrlo, entonces, ¿qué es? Voy a tratar de explicarlo de la manera más sencilla.

Por cada uno de nuestros parpadeos, aproximadamente mil ondas pensamiento llegan a la mente. Además somos impactados por las

Escoge cuidadosamente tus palabras, ya que tu bebé escucha su vibración.

noticias en la tele, por las del radio, por los anuncios publicitarios de la calle, por lo que nos platican nuestros amigos, conocidos, familiares, vecinos y compañeros de trabajo. ¿Puedes imaginar cuántas veces parpadeamos al día y cuantas ondas pensamiento surgen en cada momento, además de toda la información que hemos recibido? Supongo que miles, lo cual nos da millones de ondas pensamiento por día. La única forma de detener este atropellamiento de ondas pensamiento que nos agobian de noche y de día, es controlando la respiración. No existe medicamento, tratamiento o terapia efectiva que calme la aglomeración de pensamientos que se almacenan en el cerebro.

Si nunca has hecho una práctica de técnica de respiración (pranayama) en tu vida, ¿tienes idea de cuántos pensamientos están almacenados en tu cerebro?

Preocupante, ¿verdad? Imagínate una computadora con la que llevas 30 años trabajando (o los que tengas de vida) y nunca le has depurado el disco duro. Se volverá lenta y ya no podrá darte el rendimiento que le exiges. Lo mismo pasa con el cerebro. Tu disco duro está saturadísimo, necesitas limpiarlo, desfragmentarlo y darle mantenimiento. Para eso sirven los pranayamas, para respirar conscientemente y oxigenar el cerebro, entre otras muchas, muchísimas cosas más, lo que requiere un tratado mucho más profundo que lo que en realidad deseo compartirte en esta obra.

Entonces digamos sencillamente, que la meditación es la técnica para calmarse y sacar la basura de la mente. Los recuerdos de la infancia, de la adolescencia, los traumas y complejos, los bloqueos de toda tu vida, incluyendo los de tu propia gestación, estarán ahí, pero no estarás atrapada en ellos. En el momento en que decides cerrar los ojos y hacer respiraciones conscientes, comienzas a practicar la meditación.

Ahora viene lo más interesante, en ese momento, comienzan a "agredirte" todos los pensamientos: lo que hiciste ayer, lo que se te olvidó esta mañana, lo que tienes que hacer durante el día, las compras de la despensa, el depósito del banco, en fin, en vez de calmar los pensamientos, pareciera que destapaste una coladera y todos los bichos alojados ahí, comienzan a salir en estampida.

Justamente, ése es el proceso de limpieza, pero no te preocupes, sólo tienes que dejarlos pasar: si te acuerdas que no hiciste la llamada para tu suegra, dirás: muy bien, luego la hago; y si se te olvidó pasar a la tintorería, igual: luego lo hago y así sucesivamente. Metafóricamente, es como si estuvieras parada en la esquina de una avenida con mucho tráfico de vehículos y ves pasar los automóviles; alguno te llama la atención, pero ya se fue, después miras un autobús lleno de pasajeros, pero también se fue; y luego el de la bicicleta que está repartiendo los periódicos del día, pero también pasó y se fue; *no* te subas a ningún vehículo, no hagas la agenda durante tu práctica de respiración, únicamente mantente ocupada en controlar el aire que entra y el aire que sale de tu cuerpo, tratando de que en la siguiente respiración, logres inhalar mayor cantidad de aire. Recuerda que la cantidad de aire que inhalas, es la misma que exhalas. Una vez consciente de que tu concentración sólo debe estar ocupada en la respiración, entonces puedes dar el siguiente paso.

Entónate para centrarte

Comienza tu práctica diaria de *tres minutos* cantando el Adi mantra ONG NAMO GURU DEV NAMO. "Entonarte" te ayuda a alinearte con la frecuencia del Ser Infinito y a calmar la mente. Este mantra es "el número telefónico de Dios". Cántalo tres veces para protegerte del pasado, el presente y el futuro. Puedes cantarlo varias veces si lo deseas.

Posición: Siéntate en postura fácil. Presiona las palmas firmemente una contra la otra al frente del pecho. Los lados de los dedos pulgares presionan el centro del esternón, lo que activa el "nervio mental", para calmar la mente. Las puntas de los dedos apuntan hacia arriba en un ligero ángulo hacia adelante. Los antebrazos permanecen paralelos al piso.

Cierra los ojos y concéntrate en el punto del tercer ojo. Inhala y exhala varias veces. Para comenzar, inhala profundo y canta: ONG NAMO, GURU DEV NAMO. Repite dos veces más. Inhala y exhala. Relaja.

Mantra: ONG NAMO GURU DEV NAMO

Cuando cantes este mantra, permite que vibre en tu ser: "Llamo al Creador Infinito que me creó. Llamo al Divino Dador de la sabiduría".

ONG   Manifestación de la Energía Creativa Infinita.

NAMO   Saludo reverente; llamar.

GURU   Es el dador de la sabiduría. GURU es la tecnología que nos lleva de la oscuridad (GU) a la luz (RU).

DEV   Divino o transparente.

NAMO   Saludo reverente; llamar.

Cuando hablamos de GURU, no me estoy refiriendo a una persona física, sino a la técnica que te lleva de la oscuridad o la ignorancia: GU, a la luz o sabiduría: RU.

Si disfrutas de la vida, se lo estás enseñando a tu hijo. Los hijos aprenden los verdaderos valores al sentirlos, sin pronunciar una palabra.

Aprendiendo a meditar

Inhala a través de la nariz y exhala a través de la nariz, a menos que se indique lo contrario. Mentalmente, repite *Sat* al inhalar y *Nam* al exhalar, que significa "verdad es mi identidad" (verdad es el nombre de Dios). Al repetir estas sílabas, se estimulan centros nerviosos sutiles en el cuerpo, para lograr un cambio en la conciencia. Mantén un patrón de respiración, suave, lento y rítmico.

Beneficios de la respiración consciente

Esta sencilla respiración tiene infinidad de beneficios para mantener la salud: da energía y a la vez, te calma; relaja y acelera la curación emocional y física; activa la glándula pituitaria, que secreta oxitocina, la hormona que estimula las contracciones del útero. La glándula pituitaria también despierta la intuición que desarrolla la sabiduría interna que te guiará durante el parto; regula el balance del PH (ácido-alcalino) de tu cuerpo, que afecta la habilidad de manejar el estrés y la incomodidad; reescribe tus experiencias dolorosas del pasado, ya que al enfocarte en el presente, las experiencias del pasado se tornarán menos relevantes; influye en el sistema nervioso parasimpático que controla los músculos horizontales del útero y la dilatación del cuello de la matriz. Cuando las contracciones uterinas son más fuertes y más intensas, la respiración se regulará por sí sola y se hará más rápida, lo que hará que se mueva la parte superior del área del pecho.

Respira correctamente

El yoga refuerza el sistema circulatorio y estimula suavemente todos los órganos para que realicen un trabajo óptimo. Una respiración profunda te lleva a una mente relajada, a tener más vitalidad y a elevar el sentimiento de seguridad interna. Utilizando patrones de respiración específicos, se puede ajustar el estado emocional y mental, crucial para el manejo del estrés de la vida cotidiana, la maternidad y el parto. Asegúrate que tanto la inhalación como la exhalación sean igual de largas.

Al inhalar, relaja el vientre permitiendo que los músculos abdominales se expandan y se relajen hacia fuera. Se crea un vacío en los pulmones, forzando a proveerlos automáticamente de más aire.

Al exhalar, comienza trayendo suavemente el vientre hacia dentro y hacia arriba, lo que levantará el diafragma y vaciará los pulmones. Las costillas se estrecharán y los hombros y el pecho bajarán.

¿Lo estoy haciendo bien?

Para contestar esta pregunta, coloca ambas manos en el abdomen sobre el ombligo. Los dedos de ambas manos deben tocarse. Al inhalar profundamente, las puntas de los dedos deben separarse suavemente, sin mover las manos. Al exhalar, las puntas de los dedos deben volverse a tocar, como si tuvieras un globo en tus manos que al inflarlo o desinflarlo, provoca que tus manos cambien de lugar, sin que las muevas. Siente como se expanden las costillas con cada inhalación y se contraen con cada exhalación. Esta práctica se puede realizar sentada o acostada boca arriba, si la postura no es molesta para ti.

Si estás de pie, coloca un libro abierto de pastas rígidas sobre tu vientre y presiónalo suavemente contra tu ombligo. Al inhalar, tu ombligo deberá empujar el libro hacia fuera. Al exhalar, el libro debe regresar hacia dentro con dirección a la columna, mientras vacías de aire del estómago. Si relajas completamente los músculos del estómago al inhalar, tu diafragma bajará y tus pulmones se llenarán a su máxima capacidad, tal vez por primera vez en años.

Así se respira correctamente. Oxigenarás más tu sangre y la del bebé, dándole energía a tus órganos, incluyendo las células nerviosas del cerebro, lo que te permitirá pensar con más claridad.

Necesitarás practicarlo constantemente. Los bebés lo hacen naturalmente, pero los adultos hemos perdido la capacidad de respirar con conciencia. Siempre que nos piden inhalar profundamente, levantamos el pecho, haciendo que sólo se llene a la mitad de nuestra capacidad y traerá como consecuencia estados de estrés, cansancio y nerviosismo.

Cada mañana, aún acostada, comienza practicando tres respiraciones largas y profundas al despertar y tres al acostarte. Al principio, tal vez tendrás que hacer unas diez o quince, hasta que logres hacerlas correctamente. No te preocupes, no te harán daño. Poco a poco las irás dominando. Si tienes un reloj digital, cuenta las respiraciones que haces en un minuto. Conforme practiques, trata de bajar el número de respiraciones que haces en el mismo lapso. No te des por vencida, te llevará tiempo, pero tu constancia hará que lo logres.

Ivonne se caracterizaba por su carácter tranquilo desde niña. Era la mayor de cuatro hijos y durante su infancia y adolescencia ayudaba a su mamá con el cuidado de sus hermanos. Tenía el espíritu maternal muy desarrollado y para su mamá fue de gran ayuda, ya que ella tenía que salir de casa para trabajar. Le ayudaba a preparar los alimentos, a supervisar las tareas, incluso estaba pendiente de los programas que veían por televisión.

Como todo ser humano, por momentos y con tanta carga de trabajo, se sentía un poco agobiada con los gritos de sus hermanitos más pequeños y en una ocasión perdió los estribos con su hermano Carlos, que le seguía en edad. Carlos peleaba con uno de los más chicos por un juguete y por ser más grande había ganado la pelea. A Ivonne le pareció injusto que se apoyara en su tamaño para abusar del más pequeño y Carlos se le había rebelado.

—Debería darte vergüenza —le reprendió—, en lugar de protegerlo, lo atacas como si fuera de tu tamaño. Tú como hermano mayor debes enseñarle, no provocarlo ni abusar de él.

Tuvo que intervenir su mamá para dar fin a los insultos y a los aspavientos que parecían que subían de tono.

En otra ocasión, ya casada con Sergio, tuvo que hacer acopio de todo lo que había aprendido en sus clases de yoga, para hacer frente a una provocación por parte de una compañera de la oficina, que se había molestado cuando esperaba un ascenso y se lo otorgaron a Ivonne. La envolvieron en un chisme, que por momentos le había quitado el sueño, pero se mantuvo firme, sin involucrarse y su actitud le valió el reconocimiento de sus jefes.

—Bien dices que la meditación paga —me dijo—, ya lo pude comprobar. De no haber sido por mis *tres minutos*, tal vez hubiera caído en provocaciones. Muchas gracias.

—Gracias a Dios —le respondí—, el trabajo lo has hecho tú, yo solamente te compartí cómo hacerlo.

Para qué meditar

Además de bajar el número de pensamientos que llegan a la mente, oxigenar las sangre y secretar fluidos químicos en el cerebro, la meditación te llevará a un estado de relajación que te permitirá estar más en contacto con el bebé en tu vientre, dormir mejor,

La mujer que medita no necesita pedir consejos.

mejorar tu digestión y circulación sanguínea y, lo que es más importante, podrás desarrollar la intuición, cualidad indispensable de toda mujer en especial durante la maternidad y la crianza de los hijos.

Me da flojera meditar

Realmente, meditar es uno de los compromisos que le haces a tu más elevada esencia de mujer. Si con todos los beneficios que hemos mencionado, todavía no te convences, puedo decirte que por medio de la meditación, Dios te da la bendición de poder cambiar el destino de tu hijo. ¿Necesitas otra justificación?

Si estás trabajando durante todo el día, entonces no esperes la noche para hacer tu práctica. Cada mañana, cuando te levantas a prepararte para ir a tu trabajo ¿Alguna vez te cuestionas si te quieres bañar o no? ¿Te preguntas si quieres peinarte el cabello? ¿Dudas en cepillarte los dientes?, pues lo mismo debes hacer con tu práctica, no debes permitir cuestionamiento, sólo incorpórala como un hábito a tu vida cotidiana.

La práctica de la meditación es tan noble y efectiva, que por *tres minutos* que le dediques, puedes tener muchos beneficios, creo que vale la pena el esfuerzo por tu hijo, sobre todo porque mientras esté en tu vientre, nada más tú le puedes ayudar a cambiar su destino.

Dentro de la práctica del Kundalini Yoga hay muchas formas de meditar: con pranayamas, en movimiento, con cantos, con mantras y muchas más. Solo tienes que escoger la que a ti te haga sentir bien y practicarla diariamente, podría decirte que durante un mínimo de 40 días, para que obtengas los beneficios que ofrece cada meditación; sin embargo, el embarazo dura tan poco, que bien vale la pena comprometerte durante toda la gestación.

Decimos que son nueve meses de embarazo, pero seamos realistas: cuando nos enteramos que estamos embarazadas, ya pasaron casi dos meses y con el tren de vida que llevamos, llenas de estrés, aceleradas constantemente, agobiadas por el trabajo, con mil problemas qué resolver y si por alguna razón, sucede un parto prematuro y el bebé nace a partir del séptimo mes, queda un tiempo de gestación (indeseable por cierto) de tan sólo cinco meses.

Así es que trata de ganarle tiempo al tiempo y escoge la meditación que más te guste de la segunda parte de este libro, la que te haga sentir bien, o que a tu juicio necesita tu ser. El embarazo transcurre muy rápido, así es que aprovecha este tiempo para meditar y crear un clima de paz dentro de ti.

A ti mujer, transmisora de vida

La flor de la vida ha sido depositada en tu vientre
de tus manos depende el destino de un nuevo ser espiritual,
de un nuevo creador de paisajes y esperanzas,
de un futuro alumno y maestro de la vida,
de ti depende ahora sembrar un vínculo de paz y armonía.

Bendice el fruto de tu amor y de tu aprendizaje
y siéntete dichosa mujer, porque estás realizando el trabajo
para el cual fuiste creada y elegida por el Dios universal.
No desees lograr más en este momento y siéntete tranquila y amada.
El Creador te ha otorgado el regalo más precioso: dar vida.

Enséñale desde ahora a amar la tierra y el calor del sol,
a apreciar el verde florido del campo y el rocío de un amanecer,
a sentir la caricia del viento y el suave oleaje del mar en calma,
a respetar la existencia de otros seres vivientes en el mundo.

Tienes el poder de crear, de transmitir, de dar,
sé luz y guía para ese hijo
desde este momento sé alegría
y orgullo al verlo crecer dentro y fuera de ti
y comienza a tejer sus alas para que emprenda el vuelo
hasta que pueda alcanzar su más alto destino.

Ariadna Tapia
alumna

Capítulo 5

Efectos y beneficios de la meditación en la madre y en su hijo

La meditación se ha puesto de moda. Pareciera que nada más por el hecho de que la practiquen algunas estrellas de cine, le dan el toque glamoroso que necesitaba para llamar la atención y que sólo por imitación, todo el mundo esté dispuesto a incursionar en las profundidades del ser.

¿No te parece absurdo que un motivo tan frívolo y superficial nos mueva para hacer algo por nosotros mismos, cuando en realidad, la meditación debería ser una práctica implícita en nuestra forma de vida?

Cada mañana, Ivonne ya no se cuestionaba si quería hacer su meditación, estaba de manifiesto en su vida, tal como quitarse el pijama para meterse a la regadera o lavarse las manos antes de comer. Era como echar la última mirada al espejo antes de salir y repetirse sonriente y victoriosa: mis *tres minutos* de hoy… ¡ya los hice!

Sergio la veía y la admiraba. Se daba cuenta de que a Ivonne no le importaba tener que levantarse más temprano para hacer su meditación cuando tenía que irse a trabajar. Al principio había sido muy difícil para ella, porque estaba acostumbrada a ver la televisión hasta altas horas de la noche y aprovechaba dormir por la mañana, hasta el último minuto disponible para que no se le hiciera tarde para el trabajo.

Poco a poco había ido cambiando sus hábitos. Valoraba si lo que estaba viendo en la televisión merecía la pena para sacrificar su sueño y su descanso y llegaba a la conclusión de que prefería dormir temprano, sobre todo cuando supo que las horas de sueño más reparadoras son previas a las 12 de la noche.

Se levantaba antes del amanecer, al primer sonido de su despertador, ni siquiera se daba el lujo de pensar si quería quedarse acostada un rato más. Inmediatamente, se situaba frente a su espacio sagrado, su altar y al finalizar su práctica, daba gracias a Dios por el día que le acababa de conceder. Eran los *tres minutos* más tiernos de su día, sintiendo el alma de su hijo y la suya… juntas… amalgamadas. Un suave sabor dulce le quedaba en la boca, mismo que le duraba buena parte de la mañana.

Por su parte, Graciela había comenzado a saborear las mieles de la meditación. Recordaba cuando me había escuchado decir: "La meditación paga". Se encontraba más calmada, las provocaciones no la hacían reaccionar fácilmente y podía recordar que no tenía el apoyo de Rubén, sin que rompiera en un llanto desconsolador. Estaba realmente sorprendida.

—Ha sido una experiencia muy dolorosa —me confiaba.

—Si, me lo puedo imaginar —le respondía—. De toda esta experiencia, toma la enseñanza, pues es lo que te hará crecer espiritualmente. Perdona y perdónate, sana tu alma y no guardes los rencores que heredarás a tu hijo. Comienza una nueva vida y fíjate metas que puedas alcanzar.

Después de la experiencia de estar en reposo por un aviso de parto prematuro, Carla seguía en sus reuniones sociales, decía que nunca le quedaba tiempo para hacer su meditación, pues llegaba tan cansada y tan tarde que seguramente se iba a quedar dormida, así es que lo dejaba para la mañana siguiente. Cuando se levantaba, ya tenía su agenda llena de compromisos y apenas le daba tiempo de arreglarse para estar a tiempo.

Durante las clases constantemente menciono que el simple hecho de subir y bajar del coche varias veces al día representa un esfuerzo adicional que puede ocasionar mucho cansancio. Si al final del día sientes que tu vientre se pone duro, son contracciones leves y puede ser indicativo de que estás abusando de tus actividades. Si tienes muchas cosas qué hacer o muchos lugares a donde ir, como comprar la despensa, la tintorería, el banco, visitar a tu mamá, etcétera, haz un programa de acciones que no exceda de una o dos al día.

Para subirte al coche, en lugar de hacerlo con una pierna y luego meter la otra, primero siéntate de lado y gira el cuerpo hacia dentro. Igualmente, para salir, primero saca las piernas para apoyar los dos pies en el piso y luego saca el cuerpo, en vez de sacar un pierna y luego la otra. Acostúmbrate, verás que implica menos esfuerzo y es más cómodo.

Cómo funciona el proceso de la meditación

Casi todos tenemos en nuestra casa un cuarto de "triques". Ahí guardamos los adornos de navidad, las herramientas, a veces los recuerdos, fotos, el regalo que me dio la abuela y que no he encontrado en qué utilizarlo, artículos de limpieza, ropa que ya no uso, un adornito que me gusta mucho pero que no tiene lugar en la casa, documentos de los abuelos, papeles en general, en fin, en dos palabras: solo triques. Llevan toda la vida guardados y el cuarto está tan lleno, que ya no cabe ni un alfiler, entonces un buen día, decides limpiarlo. Aquí viene lo bueno.

Te pones ropa de "trabajo" y comienzas a sacar todo. El polvo comienza a volar y tú, a toser: te encuentras juguetes de tu infancia, trabajos que hiciste en el jardín de niños, sientes nostalgia, tal vez hasta lloras, el polvo… sigue volando, quizá salen arañas, "lanitas" o hasta secuelas de que por ahí anduvo curioseando un ratoncito, y por supuesto, tú, tosiendo.

Finalmente, sacas todo. De tanto toser, te pescaste una laringitis, el polvo hizo pedazos tu garganta; sin embargo, comienzas a depurar: lo que ya no sirve y vas a tirar, lo que puedes regalar, lo que le vas a dar a tus hermanos, lo que te vas a quedar, en fin, te quedas con lo estrictamente necesario.

La habitación ya no será más el cuarto de triques, ahora es un espacio perfectamente ordenado, limpio en el que hasta te sientes a gusto.

Así es el proceso de la meditación

La meditación es un proceso a través del cual puedes resolver los conflictos e infortunios, en vez de actuarlos en la vida real. Cuando decides sentarte a hacer el trabajo, escoges una meditación que a tu juicio, es lo que estás necesitando. Y, ¿qué pasa?, aparentemente tu mente trabaja más que nunca. Comienzas a recordar todo lo que hiciste ese día, lo que tienes que hacer mañana y en un descuido te atrapas haciendo la agenda del día siguiente.

En el momento que controlas tu respiración, la mente comienza a liberar pensamientos y lo primero que crees es que "no puedo concentrarme". En realidad, así es el proceso, comienza liberando los pensamientos más recientes para continuar con los más antiguos, tal vez de diez años atrás, o de tu adolescencia, o de la infancia, de tu propia gestación, incluso de vidas pasadas.

Manténte concentrada en la respiración o en el mantra (ver más abajo) que estés repitiendo. En cuanto llegue el pensamiento a tu mente consciente, solo déjalo ir, no lo retengas, continúa con tu práctica. Con tu meditación diaria, podrás "recordar" algunas experiencias, no te preocupes, no son importantes, lo verdaderamente importante es que puedas mantenerte hasta lograr el tiempo que te hayas impuesto de práctica sin dejar de respirar conscientemente o de repetir el mantra.

La meditación es el proceso de limpiar la mente y no hay servidumbre que lo haga, tienes que hacerlo por ti misma, aunque pueda ser no muy agradable porque sale toda la suciedad interna y puedes verte como realmente eres. Así como voló el polvo durante la limpieza de tu cuarto de triques, así comienzan los pensamientos a "volar" y así también, como te afectó a tu garganta aspirar tanto polvo, es muy probable que haya ciertos cambios en tu cuerpo, tal vez tengas más movimiento intestinal o comiences a toser o a estornudar. Es el proceso de limpieza y depuración que hace la meditación. No te desanimes, continúa, los efectos pasarán, entonces encontrarás los beneficios.

La suciedad y los desperdicios de la mente "nadan" alrededor en dirección negativa y repites un mantra en dirección positiva, para que toda la negatividad sea compensada por la positividad. Nadie puede hacer esto por ti.

El pensamiento elevado es la medicina de la mente, le permite curarse a sí misma. Al cantar mantras, invocamos una energía que está más allá de nosotros. Si el intelecto de todas maneras genera ondas de pensamiento, ¿por qué no dirigirlas a Dios?

¿Qué es un mantra?

"MAN" quiere decir mente. "TRA" significa entonar la vibración. Mantra es una corriente de sonido que entona y controla las vibraciones mentales, combinaciones de sílabas que ayudan a enfocar la mente.

Los mantras son herramientas para equilibrar la mente. Como provienen de un idioma sagrado, la vibración de sus sonidos reproduce en tu conciencia su significado y su poder. Así, su rítmica repetición crea patrones positivos de pensamiento que sanan tu cuerpo, aclaran tu mente y elevan tu espíritu.

Los mantras son un camino de unión vibratoria entre nosotros y el Creador y van acompañados de una música bella que representa el lenguaje del corazón y la armonía del universo.

Los mantras de la ciencia del Kundalini Yoga son alabanzas a Dios. El poder no está en su significado sino en su sonido vibratorio. Cuando cantamos la lengua se pone tensa y toca 84 puntos meridianos que tenemos en el paladar, 64 cerca de los dientes, cuatro por cada diente, en pares de dos. Los dientes tienen forma de "U", los 64 puntos forman una "U" por dentro de los dientes y se tiene una última "U" más adentro, donde se localizan diez puntos en pares.

Al pronunciar el mantra con una estimulación apropiada se dispara el hipotálamo que, a su vez, dispara las glándulas pituitaria y pineal, haciendo que se activen las secreciones glandulares. Crear esta secreción es el propósito de toda práctica espiritual, de todos los yogas y meditaciones. A esta secreción de las glándulas, se le llama Amrit (Néctar) y es lo que trae un estado de cambio en la conciencia. No hay terapia, ni tratamiento, ni medicamento que lo logre.

La meditación puede romper hábitos y de esta manera purificar la mente, ayudando a tomar las cosas del día con día, de forma natural. La meditación desarrolla la intuición, tu defensa radica en ella. La mente nos fue dada como una herramienta, para servirte, pero no es tu maestro. Cuando logres que la mente detenga la creación de pensamientos, será el primer estado del nivel intuitivo. Goza este momento porque es muy acogedor, pero es de muy corta duración. Cuando logres sostenerte ahí por lo menos cinco minutos, habrás entrenado tu mente para que compute por ti. Ése es el comienzo. Si logras sostenerte por once minutos en ese vacío, tu mente podrá ser usada para que intuitivamente pueda computar la dirección correcta de tu vida. La mente se encuentra más allá del tiempo y del espacio, es parte de la Mente Universal.

Formas básicas de meditar

Con mantras: repitiendo un mantra y combinando con un mudra,[1] una postura especial de sentarse o tipo especial de respiración. Algunas meditaciones consisten simplemente en cantar el mantra. Además al cantar el mantra, se abre el corazón.

Con movimiento: combinación de movimientos simples, mantras y música.

Con respiración: son energetizantes y con muchas variantes.

Con caminata: se ejecutan preferentemente al aire libre y se combinan con mantras y respiraciones.

La mujer que medita no necesita pedir consejos. Su intuición le dirá qué hacer.

Con baile: muy en especial la danza del parto, conocido como *belly dance.*

En silencio: para escuchar los procesos de sonido interno.

Con posturas: son muy simples donde la postura es suficiente para crear un efecto profundo.

De visualización: la visualización juega un papel muy importante en muchas meditaciones, algunas consisten principalmente o exclusivamente en visualizaciones.

---

[1] Posición de las manos.

En grupo: la meditación se enriquece cuando se practica con un grupo de personas. La energía que se recibe de la meditación es multiplicada por el número de personas presentes.

Kriyas de Venus: son ejercicios de Kundalini Yoga que se practican en pareja y una de las técnicas más poderosas ofrecidas por esta ciencia. Deben practicarse después de entonarse con el Adi mantra[2] y asegurarse de que nunca serán utilizadas con propósitos sensuales o sexuales.

Con mala:[3] estimulan el cerebro.

Comunicación celestial: son meditaciones con mantras y movimientos de los brazos. La traducción literal es "comunicación del Cielo". El significado del mantra será expresado a través del movimiento de los brazos. El mantra moverá el espíritu y al mismo tiempo, la cabeza y los sentimientos serán escuchados.

La situación en la oficina de Graciela se había puesto muy tensa. Trataba de ocultar su embarazo, pero sólo provocaba la risa burlona de sus compañeros.

—¿Te veo cómo que estás subiendo de peso, verdad? —Eran los comentarios.

—Ese color tan pálido en el rostro no te queda —le decía otra.

—Escuché que volvías el estómago ¿te cayó mal la comida? —Preguntaban con ironía.

Para Graciela era difícil contestar, por momentos sentía muchos deseos de llorar y en otros hubiera preferido salir corriendo y no volver nunca más, sobre todo cuando se enteró que Rubén, el padre de su hijo, salía con una de sus compañeras, sin ocultarlo.

---

[2] Ver capítulo "Cómo comenzar".
[3] Cuentas para meditar.

Cuando finalmente, Graciela se decidió practicar sus *tres minutos*, sintió tanta paz que decidió alargar sus meditaciones. Llena de compasión, perdonó a Rubén por haberla abandonado en los momentos más trascendentales de su vida, la invadía una fuerza desbordante para continuar hacia adelante y hacer frente a lo que Dios le enviara. Al palpar su vientre imaginaba a su bebé jugando, riendo, lleno de salud y eso la llenaba de ánimo y era el motivo para que se esforzara cada día más y más. Conocía ahora la paz y la esperanza.

Ya hemos visto lo que la meditación puede hacer por ti. Ahora imagina lo que puede hacer en la mente de tu bebé, que es como un disco virgen, en donde se imprimirá tu formación, cualidades, habilidades, emociones, pero también tus complejos, traumas y bloqueos. Todo tu ser quedará impreso en la mente subconsciente de tu hijo. Él siente lo que tú sientes, escucha lo que tú oyes, comparte tus emociones de amor, de angustia, de alegría, de paz, de enojo, todo. ¿Comprendes ahora la necesidad de imprimirle al pequeño que llevas en tu vientre, pensamientos y actitudes positivas para su vida?

Llamamos meditar cuando Dios nos habla y creamos la vibración adecuada para que la energía infinita entre dentro de nosotros y nos dé la fuerza interior que necesitamos, para ir a través de todos los obstáculos de la vida.

Escoge cuánto tiempo quieres meditar, pero toma en cuenta que si meditas durante:

tres minutos: cambias tu campo electromagnético.
once minutos: afectas tu sistema glandular.
31 minutos: el efecto llega a tus células.
62 minutos: afectas la materia gris del cerebro.
2 ½ horas: es un renacimiento, te cambia la psique.

Si te comprometes a hacer tu meditación cada día, estos serán los beneficios:

40 días: cambiarás un hábito.

90 días: colocarás el nuevo hábito en tu subconsciente.

120 días: fijarás el hábito en el subconsciente de tal manera que en adelante será un patrón automático de conducta.

1000 días: te harán un maestro.

Capítulo 6

El milagro de la caminata

El embarazo no es la mejor etapa de tu vida para *comenzar* un programa de ejercicios. Si tienes la cultura del deporte y has estado practicando durante los últimos meses, puedes continuar siempre y cuando escuches los mensajes de tu cuerpo, que te avisarán en qué momento debes detenerte. Escúchalo y obedécelo.

Si no has practicado ningún tipo de ejercicio, lo mínimo a lo que debes comprometerte es a practicar la caminata. Es el ejercicio más sencillo y el que tiene menos exigencias, ya que puedes hacerlo desde que sales de tu hogar, alrededor de la manzana, en un parque o en una pista sencilla. Ir al centro comercial o hacer la limpieza de la casa, no se considera como disciplina física. La caminata lleva ritmo, respiración, movimiento, posición del cuerpo y mantra.

La caminata fortalece los dos grandes músculos abdominales, el izquierdo y el derecho, que sostienen al bebé y tienen que ser diez veces más fuertes que los del hombre, de otro modo no podrás sostenerlo. Éste es el motivo por el cual, en el séptimo u octavo mes, puedes dar a luz.

No te compares con la fortaleza del hombre. Él está constituido para tener fortaleza física, puede cargar todo y levantar pesas como deporte. Exederte en cargar bultos pesados puede ocasionar que los huesos de tu pelvis se separen, no lo permitas. Se separarán unos 10 centímetros cuando le des vida a tu bebé, pero se volverán a juntar. Si al hombre se le separaran 2 centímetros tendría que someterse a una cirugía correctiva porque no aguantaría los dolores.

Ivonne comenzó a caminar de dos a tres kilómetros diarios, para fortalecer los músculos que cargan a su bebé. Fue aumentando poco a poco, hasta llegar a un mínimo de siete y hasta nueve kilómetros diarios. En ocasiones, la acompañaba Sergio y aprovechaban el tiempo para platicar de lo que les había sucedido durante el día. Cuando su esposo no podía, se hacía acompañar de alguna amiga, de su hermana o de su mamá. Siempre era un rato de comunicación y relajación.

—Cada día me convenzo más de que dejar de trabajar fue lo mejor —le comentaba a Sergio.

—Fue tu decisión —le respondía—, yo te reitero darte la protección y la seguridad que como madre, esposa y mujer necesitas. Me comprometo a no defraudarte y a cubrir todas las necesidades de nuestra familia.

Ivonne sonriente, movía su cabeza en señal de aprobación y agradecimiento.

—Si supieras qué importante es para una mujer contar con el apoyo de su pareja —le contestaba—. Sé que mi carrera me permite tener un trabajo bien pagado y desarrollarme profesionalmente, pero en estos momentos he decidido ser mamá y lo quiero hacer bien, entregarme completamente y dar lo mejor de mí, para hacer de nuestros hijos verdaderos seres humanos.

—Lo vas a lograr —contestó Sergio convencido.

Lo ideal es caminar como mínimo mil pasos después de cada comida, de cada día, ¡sin dejar pasar uno! Esto equivale a quince minutos o doce si tienes las piernas muy largas. Con más razón, si tienes un trabajo donde se requiere que estés mucho tiempo sentada. Si éste es el caso, toma agua natural constantemente para que te veas obligada a levantarte de tu lugar para ir al baño y puedas tener un descanso, además de que ayudarás a regenerar el líquido amniótico que es la vía por la cual el bebé se alimenta y elimina sus desechos. Si trabajas frente a una computadora, se recomienda comer peras, ya que contienen nutrientes que neutralizan los rayos que emite la pantalla.

Dentro de las clases de embarazo, he podido confirmar que la caminata es de gran ayuda durante el embarazo. Hay una estrecha relación entre las molestias de las agruras y el estreñimiento con la falta de ejercicio, en este caso la caminata. Obviamente, las malas combinaciones alimenticias juegan un importante papel en estas molestias, así como beber aguas endulzadas en la comida (aunque sean de frutas) o el delicioso postre. El azúcar fermenta los alimentos y seguramente te provocarán flatulencia y agruras. Las mujeres que practican la caminata tienen partos más rápidos y su recuperación también es más rápida. Con la práctica de la caminata, se puede decir que prácticamente "expulsas" al bebé al momento de nacer, con unos cuantos pujidos.

Cómo hacerla

Es la caminata en meditación y puedes hacerla con tu esposo. Al dar el paso con el pie izquierdo repite SAT NAM (verdad es mi identidad), mientras tu esposo repite VAJE GURU (expresión de alegría, el éxtasis de la conciencia), cuando dan el paso con el pie derecho. Podrás darte cuenta que los hijos de estas parejas son muy calmados, tranquilos y siempre sonríen.

Es probable que después de una larga jornada de trabajo, al llegar al hogar sientas el deseo de descansar, más que de caminar. Esto te dará la pauta para reflexionar en el hecho de que el embarazo y la maternidad son etapas de cuidados, de relajación, de pensar en la trascendencia de lo que viene más adelante, de la necesidad que tienes de descansar para sentirte bien y disfrutar propiamente de la grata espera y sobre todo de valorar si merece la pena que le des tu fuerza, entrega y energía a un trabajo profesional, en vez de reservarlas para tu hijo.

Beneficios de la caminata

- Evita el estreñimiento.
- Regula la presión arterial.
- Alivia las agruras y la indigestión.
- Fortalece el piso pélvico.
- Calma el sistema nervioso.
- Combate el insomnio.
- Mejora la circulación sanguínea.

El hombre lleva dentro de su naturaleza la cualidad de ser el protector del hogar, de la familia, es el conquistador, el que busca el alimento para llevarlo a sus seres queridos. La mujer lleva dentro de su naturaleza ser la generadora de energía, de unión, la que nutre el hogar. Se requiere que la madre esté ahí, con los hijos, guiándolos, orientándolos, enseñándoles los valores, a ser verdaderos seres humanos. El padre requiere tener la confianza de que el hogar está seriamente cuidado por la madre, que los hijos están seguros, que cualquier situación problemática que se presente, la madre podrá resolverla, así él podrá dedicarse en cuerpo y alma a su trabajo, rendirá más y sus logros serán reconocidos con mejores salarios.

Sergio conoció estas enseñanzas por medio de Ivonne, su esposa. Aunque trataba de asistir con más frecuencia a las clases de yoga, su trabajo difícilmente se lo permitía, así es que cuando llegaba a casa por la noche, le pedía a Ivonne que le relatara la enseñanza que había tenido ese día y juntos hacían sus prácticas.

La responsabilidad de sacar adelante a su familia era estresante y las cargas de trabajo, agobiantes, de tal manera que invariablemente, a la hora de la relajación, Sergio se quedaba dormido como un niño.

—Mi amor, despierta, súbete a la cama —le decía Ivonne riendo—, no quiero que pases la noche en el suelo, hace frío y necesito tu calor.

—Mmmm —contestaba amodorrado—, la relajación después de hacer yoga y meditación sabe muy diferente a dormir en la cama, es más deliciosa, ahorita me subo, déjame otro ratito.

—Bueno, pero que no pase como la otra noche, que cuando despertaste eran las tres de la mañana, ¿eh?

—Te lo prometo.

Reflexionaban sobre reconocer las cualidades, los talentos, las aptitudes como padres; aceptaron y asumieron la responsabilidad y se comprometieron a llevarla a cabo en la excelencia. La maternidad no es un trabajo que se recompense con dinero, los logros no nos dan medallas, pero los errores se pagan caros, echan a perder a los hijos y las consecuencias trascienden a la sociedad y a un país entero.

La disciplina

En una ocasión, Graciela comentó después de la clase, que hacía varios días que su bebé comenzaba a moverse a las cuatro de la mañana, que la despertaba y no le permitía volverse a dormir. Me sonreí y le dije:

—No me extraña, es la hora en que despierta el alma.

—¿La hora en que despierta el alma? repitió confundida.

—Si, se le llama Sadhana, que quiere decir "disciplina" y se practica en las horas ambrosiales, o sea dos horas y media antes de que salga el sol. Es el momento adecuado para levantarse a meditar y a conectarte con Dios. Pocas personas están despiertas y activas a esa hora, de manera que las prisas de las actividades diarias no interfieren contigo —continué.

—Pero, ¿quién quiere levantarse a meditar a esas horas? Es una locura —argumentó Graciela incrédula de lo que escuchaba—.

—La meditación de la mañana limpia las ansiedades y proyecciones diariamente, para que ningún miedo subconsciente se pueda acumular —continué explicándole—. Yo me atrevería a definirla como "El bálsamo que cura todas las enfermedades del alma, la mente y el cuerpo", según mi propia experiencia —concluí.

Efectivamente, el alma de tu hijo que apenas acaba de llegar del cosmos, reconoce la hora de la meditación y comienza a moverse, para despertar a tu alma y se levante a meditar en el Creador. Puedes decidir no levantarte, pero te aseguro que difícilmente podrás conciliar el sueño, ya que tu hijo, no te lo permitirá. Si es tu caso, lo mejor es *obedecer, levantarte y meditar*. Después de un rato, tu bebé se volverá a dormir con el arrullo de tu canto y podrás descansar por otro rato más.

La relajación

Aprender a relajarse es todo un arte. Muchos médicos piensan que con sólo pronunciar la palabra, es suficiente para que el paciente sepa qué y cómo hacerlo. Desafortunadamente, se equivocan. Dentro de las clases de Kundalini

Yoga, el último ejercicio es la relajación, ya que permite que toda la energía que se ha generado con los ejercicios, se distribuya de forma uniforme por todo el cuerpo. Incluso se sugiere cubrir el cuerpo con una sábana para contener esa energía. Cuando practiques yoga y meditación en tu hogar, destina al menos *tres minutos*, para una relajación que permita que la energía que has generado se reparta por todo tu cuerpo.

Durante el embarazo, la relajación influye en forma determinante el grado de comodidad que puedes sentir cada día, así como la rapidez y seguridad que puedes imprimir en el momento del parto. Generalmente, podrás dormir sobre la espalda hasta el quinto mes. Al pasar esa etapa, evítalo, ya que todo tu peso caerá sobre el útero y la columna, los músculos de la espalda y los intestinos, así como en la vena cava inferior, que transporta la sangre de la parte baja del cuerpo hasta el corazón.

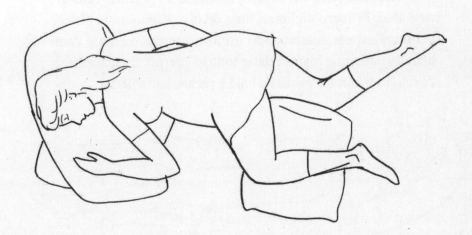

Tip de los sabios

La mejor técnica para lograr una relajación profunda, es haber practicado algunos ejercicios de respiración y yoga, ya que con esto se logra que la mente se calme y los músculos aflojen un poco la tensión. Después de tu práctica, se recomienda acostarse sobre el costado derecho de diez a quince minutos, ya que de esa manera, la respiración cambiará a la fosa izquierda que es la adecuada para lograr calmar la mente y relajar la tensión muscular.

Los médicos sugieren acostarse sobre el costado izquierdo para evitar presionar la vena cava inferior, pero podrás cambiar de lado para descansar, sin que ocasiones ningún problema para ti o para tu bebé.

Después de hacer tu práctica, puedes recostarte sobre una piel de borrego y el costado derecho. Deja la pierna derecha estirada y dobla la rodilla izquierda sobre la derecha, colocándola sobre un cojín. Coloca también un cojín debajo de tu cabeza. El brazo izquierdo sobre tu cadera y el derecho acomódalo doblado o estirado.

Suelta cada parte del cuerpo, tensando y relajando cada extremidad. Primero un brazo, luego el otro. Una pierna y luego la otra. Después combinando un brazo y una pierna y cambiando, hasta que logres relajar todo el cuerpo. Escucha música relajante con un volumen bajo y piensa lentamente.

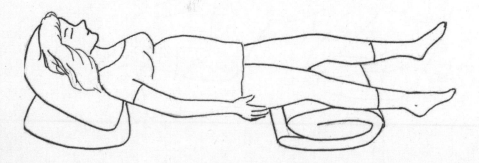

Dejo el mundo afuera y me introduzco dentro de mí. Masajeo mentalmente los pies. Aflojando cada parte, cada dedo, los tobillos y los empeines. Suelto el tobillo y las rodillas... Relajo los muslos, cada vez puedo soltar más y más la tensión, no hay límite. Siento como si me fuera derritiendo. Nada me preocupa. Ni lo que hice esta mañana, ni lo que tengo que hacer al salir de aquí. Suelto los glúteos, el abdomen, la cadera. Reviso si hay un hilito de tensión. Respiro largo y profundo.

Relajo la espalda completamente, los hombros, el pecho, sacando hilos de tensión, que van de los hombros hasta la punta de los dedos... Relajo el cuello, el mentón, para separar mi mandíbula, coloco mi lengua detrás de los dientes superiores, relajo las mejillas, la nariz, las orejas, las sienes, los párpados, la frente, el cuero cabelludo... Me suelto, siento que me derrito sobre el piso. Sólo escucho mi respiración larga y profunda, no hay límite... Mi cuerpo se relaja más y más cada vez que saco el aire de mi cuerpo.

Relajo mis órganos internos, el ano, el recto, los órganos sexuales, les mando la señal y siento como se sueltan los intestinos, el páncreas, el estómago... Me suelto cada vez más. Relajo el hígado, la vesícula, el bazo, los pulmones, la laringe, la garganta, el cuello por delante y por detrás, mis ojos, mi cerebro... Observo mi corazón latiendo y mi sangre circulando por todo mi cuerpo, oxigenando cada una de mis treinta trillones de células y en cada una, siento la presencia de Dios.

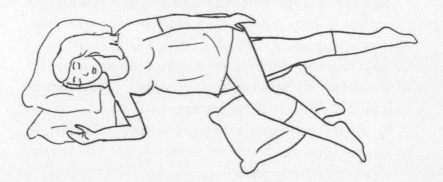

> En este momento... mis huesos, mis arterias, todo mi ser, todo
> mi espíritu está en armonía con Dios, mi esencia Divina. Aquí
> estoy, relajada y suelta.

Te sugiero grabar lo anterior en una cinta para que puedas escucharla mientras sigues las instrucciones. Continúa en la postura de diez a quince minutos.

Para salir de la relajación, comienza haciendo varias respiraciones largas y profundas. Gira las muñecas y los tobillos. Estira todas las articulaciones del cuerpo, incluyendo las de los brazos, las piernas y la cadera. Quitando la almohada de tu cabeza, deja los hombros pegados al piso, sube tus brazos para que descansen sobre el suelo y gira tu cadera hacia el lado izquierdo, doblando la rodilla derecha sobre la pierna izquierda que deberá estar estirada. Después cambia de lado. Frota las palmas de las manos y las plantas de los pies, sin levantarlos del piso, para que actives tus terminales nerviosas. Por último, colócate de costado y apóyate en una mano para que puedas levantarte de lado.

Puedes sentarte con la columna derecha y cubrir tu espalda y tu cabello para que comiences a practicar tu meditación.

Al terminar, haz varias inhalaciones largas y profundas y eleva una oración al Creador, siéntete amada y bendecida por él y termina tu sesión.

Ahora haz una reflexión, piensa que el tiempo pasa muy rápido y que la infancia de nuestros niños se va como el agua. Apenas un parpadeo y ya van al jardín de niños, otro más y están en la primaria. Pareciera que diez años son una vida, pero de pronto los ves muy grandes y te preguntas: ¿Cómo fue que pasó tanto tiempo, sin darme cuenta?

Por eso te invito a que te detengas un poco y al sentir a tu bebé moviéndose en tu vientre, pienses en que vale la pena dejar todo, para dedicarte a ser verdaderamente mamá, que disfrutes de su primera sonrisa, de su primera palabra, de sus primeros dientes, porque esos instantes, no volverán jamás.

Tu bebé necesita la seguridad de saber que mamá siempre está cerca para darle el amor y la ternura que necesita, para guiarlo y levantarlo por si cae, prestarle su hombro por si llora y aplaudirle cada uno de sus logros.

Las situaciones externas de alguna manera pueden resolverse. Una mujer trabajadora, responsable y confiable, no tendrá problemas para encontrar un trabajo bien remunerado, sobre todo si tiene la tranquilidad de que su hijo es un ser que tiene la madurez y la seguridad necesaria para adaptarse y disfrutar de la escuela maternal mientras mamá trabaja.

Capítulo 7

Alternativas para aliviar los malestares

El embarazo no es una enfermedad

Sentirse mal no tiene que ser la forma en que vivas tu embarazo. Efectivamente, el embarazo no es una enfermedad, por lo tanto, no "nos aliviamos", por el contrario, damos vida a nuestros hijos. Pareciera una antigua frase, pronunciada por nuestras abuelas, que no tiene mayor trascendencia pero, desafortunadamente, si partimos de la premisa de que la mente subconsciente no sabe reconocer cuando hablamos en broma, o en sentido figurado, la frase avasalla a nuestra mente y la tomamos en serio.

Al contestar a la pregunta: "¿Para cuándo te alivias?", sin hacer la aclaración de que: "Mi bebé está programado para nacer en …", damos por sentado que efectivamente, estamos enfermas y necesitamos el alivio que solo el alumbramiento puede proporcionar.

Esto hace creer a la mente que el embarazo es una enfermedad que provocará dolor, pero que se puede aliviar con analgésicos (léase anestesia) que producen rápido alivio (léase cesárea). Estás condicionando a tu mente para que no tolere el dolor y "exijas" atención para "sanar".

Las molestias durante el embarazo dependerán, entre otras cosas, del grado de aceptación del proceso que tienes que experimentar para darle vida a tu hijo. Observa a otros mamíferos y dime cuál especie padece de vómitos, náuseas, mareos, depresiones o cualquier otro tipo de malestar durante el embarazo. Responderás: "Claro, no tienen que levantarse a prisa para ir a trabajar, ni enchinarse la pestaña o secarse el cabello, ni manejar en medio de una nube de contaminación y de embotellamiento de autos, para llegar a tiempo a la oficina." Pues en realidad no, no tienen que hacer nada de eso, pero y tú... verdaderamente, ¿lo necesitas?

Le pedí a Marcia que hiciera una lista de razones para trabajar cuando vive con su esposo. Me entregó la siguiente:

- Para "ayudar" a mi esposo con los gastos de la casa.
- Para tener vacaciones más largas, a mejores lugares en hoteles de lujo.
- Para terminar de pagar la casa.
- Para tener *mi* dinero, no me gusta pedirle a mi esposo.
- Para pagar *mi* coche.

Entonces le dije que hiciera un balance de lo que le costaba económicamente ir a trabajar:

- Gasolina.
- Desgaste del auto y servicios frecuentes.
- Estacionamiento.
- Alimentos.
- Transporte (si no tienes automóvil).
- Comprar ropa adecuada regularmente, así como cosméticos e ir al salón de belleza. Esto no quiere decir que si te quedas en casa, tienes que volverte fodonga y no arreglarte; sin embargo, las exigencias y la competencia con otras mujeres se vuelve

más agresiva cuando trabajamos fuera de casa y nos exige estos gastos.

Además, le dije: "Toma en cuenta que adicionalmente al trabajo que realizas fuera del hogar, también se requiere que te desempeñes como ama de casa. Hay que limpiar, lavar ropa, tal vez preparar alimentos para desayuno y cena, lavar los trastes, etcétera. Tampoco quiero decir que si estás en casa, te conviertas en la empleada doméstica, pero no es lo mismo pagar por alguien que te ayude, a descargar toda la responsabilidad en otra persona porque nunca estás. Te expones a que tus cosas cambien de dueño, se rompan, se pierdan o entren personas extrañas a tu casa, con la tranquilidad de que llegas hasta las tantas de la tarde o de la noche.

Todo esto tiene un costo. Si haces un balance a lo mejor no te queda mucho de tu cheque quincenal, pero si consideras que trabajar en la empresa Patito, S. A. de C. V. te da estatus y eso para ti, es importante…., entonces tú decides".

Se vale no querer tener hijos

Continué diciéndole a Marcia: "Mientras vivas sin familia, es válido mantener un trabajo donde puedas realizarte profesionalmente y tus logros sean remunerados con un muy buen salario. Podrás hacer una carrera dentro de la empresa, viajar y ser reconocida. Tiene más mérito si reconoces que es más importante para ti tu desarrollo profesional y dedicarte a él en cuerpo y alma, que traer hijos al mundo porque ya no aguantas la presión social y dejarlos encargados con la abuela o en la guardería, porque no tienes tiempo de atenderlos.

Pero, si estando en esa situación laboral *decides* embarazarte, es porque estás dispuesta a dejar *todo*, por el bienestar de tu hijo. Eres tú, la que al final, tomará la decisión de tenerlo o no. Solamente tú decidirás sobre tu cuerpo y sobre la responsabilidad que tendrás que asumir en cuanto a su educación y cuidados".

Personalmente, nunca le he creído a mujeres famosas, del espectáculo, de la política, ejecutivas de alto nivel, que aparecen constantemente en la televisión, que pasan su día trabajando, que tienen mil compromisos diarios y que además, digan que su trabajo es *totalmente* compatible con ser mamá; que sus hijos comprenden sus actividades y que se preocupan porque no les falte nada. Supongo que se refieren a la parte económica, porque la parte afectiva, en ausencia, no imagino cómo puedan atenderla o suplirla.

Al nacer, el bebé es separado de su madre al cortarle el cordón umbilical. Pero existe otro cordón umbilical sutil que une a la madre con su hijo hasta los tres años de vida. En esos tres años, le darás la formación que lo hará ser un adulto seguro, confiable, responsable, obediente, humilde, servicial, calmado, valiente y honesto. Después de esos tres años, difícilmente le podrás inculcar esos valores.

Regresemos con Marcia. Platicamos acerca de que la naturaleza del hombre lo hace un ser protector, conquistador, proveedor y sostenedor del

¿Quieres hacer reír a Dios? Cuéntale tus planes.

hogar, pero nosotras le hemos quitado la oportunidad de demostrar que sí puede sostener a su familia. Nos sentimos tan capaces, que si él no me puede dar un auto más grande, entonces yo trabajo para comprarlo. Si él únicamente me puede llevar de vacaciones a un día de campo, entonces yo pago unas verdaderas vacaciones, y así sucesivamente con la ropa, la escuela de los hijos, la casa, los muebles, etcétera. Luego nos quejamos porque además del trabajo de la oficina, tengo que hacer todo lo de la casa, atender a los hijos, revisar tareas y arreglar las cosas para el día siguiente.

"Por qué te quejas", le dije, "tú escogiste esta situación. Si lo que él te da te parece poco, tal vez no está dando todo lo que puede dar en su trabajo, muchas veces porque su mente está distraída pensando en los conflictos del hogar, cuando en realidad esos conflictos cotidianos debieran ser resueltos por ti, que eres el ama de casa, pero si no estás en casa… entonces se convierten en *sus* conflictos".

Por eso repito, se vale no querer tener hijos. Representa más valentía reconocerlo, que dejarse embarazar para tratar de retener una pareja que no has sabido mantener junto a ti por tus virtudes y cualidades. Un hijo no puede llenar los espacios vitales de la esposa, de la compañera, de la amante y la consejera. Si no has cubierto esos espacios antes de que nazca tu hijo, difícilmente podrás retener a tu pareja y tu vida se convertirá en un infierno.

La profesión más enaltecedora

Ser ama de casa es una profesión que a muchas mujeres les parece aburrida y sin futuro. Se piensa erróneamente que las amas de casa sólo hablan de ajos y cebollas, cuando en realidad es una responsabilidad tan grande, que todo en el hogar depende de ella.

Si el papá enferma o falta, la mamá suple todas sus actividades, pues tiene la capacidad para sostener el hogar económica y energéticamente. Pero si la que llega a faltar es la madre, entonces el hogar se vuelve un caos. Sin embargo, hay mujeres que no nada más han dejado a un lado su responsabilidad como amas de casa, sino que carecen de toda imaginación o creatividad para resolver hasta las cuestiones más sencillas.

Roxana trabajaba en una gran empresa automotriz japo-
nesa, con el directivo de más alto nivel de la planta. Su jefe
se reunía en su oficina constantemente con los ejecutivos que
venían de Japón. Roxana era la secretaria y su asistente y en
ocasiones recibía la llamada de la esposa de su jefe, justo cuando él estaba en la reunión con los japoneses. "Roxana, necesito
hablar con mi esposo", le decía. "Está en junta con los japoneses, señora, ¿le puedo servir en algo?", le preguntaba. "Es que
se me descompuso la lavadora y quiero avisarle para que me
mande al mecánico."

Es difícil creer que una mujer no pueda resolver las necesidades del hogar. Tu esposo necesita salir a trabajar con la
confianza de que puedes hacer frente a todas las situaciones
domésticas. Debes ser tan confiable para que él ponga toda su
concentración en el trabajo, para que dé el mil por ciento de su
capacidad y lo desarrolle plenamente. Si está inseguro porque
le has dado motivos para que no confíe en ti, tendrás un hombre inestable, derrotado, impaciente y celoso.

Tampoco estoy en contra de las madres que trabajan, sobre
todo si son solteras. Considero prudente darte un tema de reflexión, por si estás en esta situación. Algunas alumnas de las
clases de yoga prenatal, han cambiado su decisión de dejar a
su bebé encargado con algún familiar o en la guardería, para
continuar trabajando fuera del hogar, cuando les he hablado
sobre esto.

La responsabilidad, la presión y la prisa para ir a trabajar
durante el embarazo, frecuentemente ocasionan estrés, dolores
en el bajo vientre porque el intestino está irritado, alergias en
la piel, dolores de cabeza y otros malestares. Proporciónate tus
tres minutos de meditación cada día, para que puedas recuperar un poco de calma.

Para Carla, los primeros meses del embarazo fueron terribles. Los malestares la agobiaban y la ponían de mal humor. Era tan superficial y frívola que lo único que le hacía sentir bien era saber que el vómito no le permitía subir de peso y podía comer todo lo que quisiera, ya que el alimento no duraría mucho tiempo en su cuerpo.

—Sigo usando la misma ropa que usaba antes de embarazarme —presumía—. Con tanto vómito, en lugar de subir de peso... bajé. Esto me pone feliz.

En el caso de Ivonne, nunca sintió molestia alguna. Se sorprendía de que le preguntaran si tenía mareos o náuseas y de saber que la mayoría de las mujeres los padecen.

—Sólo tengo muchas ganas de dormir —me dijo.

—Es natural, parte del embarazo —le respondí—, trata de descansar todo lo que puedas.

Graciela, en cambio, queriendo ocultar su embarazo, trataba infructuosamente, de aguantar los malestares en la oficina, pero era inevitable que se dieran cuenta.

—Acepta tu embarazo, porque ya has decidido tener a tu hijo —le dije—, te ayudará para calmar las molestias. Descansa suficientemente para que recuperes lo sonrosado de tus mejillas y evites las ojeras.

—Te prometo que lo voy a intentar —fue su respuesta.

Al poco tiempo de hacerlo, descubrió que las molestias desaparecieron como por arte de magia.

Tip de los sabios

La "maquinaria" de la mujer es muy sofisticada, tanto que requiere de un descanso mínimo de cinco minutos cada cuatro horas, sin importar si eres ama de casa o trabajas en una oficina.

Interrumpe tus actividades y apártate en un lugar donde puedas hacer lo siguiente. Siéntate con los pies apoyados en el piso, cuidando que la espalda esté completamente recta, separada del respaldo y tus manos descansando sobre las piernas. Lleva tu cabeza hacia atrás, presionando los músculos del cuello y comienza a girar lentamente la cabeza. Inhala cuando la subas y exhala cuando bajes, cerrando los ojos y haciendo movimientos muy amplios, permitiendo que roce la barba contra el pecho y las orejas con los hombros. Separa tus dientes, concéntrate en el entrecejo y comienza a revisar tu cuerpo, de manera que verifiques que no hay un solo músculo contraído, levantando o endurecido. Esto incluye los hombros y el pecho. Continúa de uno a dos minutos, después cambia la dirección. Te dará el descanso de una siesta de quince minutos, te refrescarás, podrás recargar tus pilas y continuar con tus labores.

Sana de pies a cabeza

La náusea y el vómito ocurren frecuentemente durante los primeros meses del embarazo. Esto se debe a los cambios hormonales, metabólicos y químicos que requieren cierto tiempo para que el organismo se adapte a la nueva actividad; así como de origen emocional (muy pocas mujeres orientales tienen este problema; obsérvate y pregúntate si tus malestares tienen como objetivo llamar la atención).

Si continúas con las molestias después del tercer mes, consulta con tu médico. Se sugiere combatir estos malestares con medicina homeopática.

Puedes intentar lo siguiente:

- Masajea el útero y los ovarios antes de acostarte.
- Toma alimentos con alto contenido de proteína vegetal durante todo el día (puedes llevar en tu bolso nueces, almendras, pasitas, etcétera).

Otras alternativas:

- Haz de cinco a seis comidas ligeras diariamente. No tengas el estómago vacío por periodos largos, aun durante la noche.
- Antes de que te levantes por la mañana, come algo crujiente (un poco de cereal seco, un pedazo de pan tostado o pan seco). Déjalo desde la noche anterior al alcance de tu mano. Toma levadura de cerveza con jugo de tomate o de melocotón, antes de levantarte de la cama y durante todo el día (vitamina B).
- Levántate lentamente al despertar. Evita movimientos bruscos o rápidos.
- Relájate. Recuerda que es por corto tiempo. Agudiza tu sentido del humor.
- Bebe líquidos, preferentemente sopas entre comidas, acostúmbrate a llevar una botella en el auto.
- Come muchos alimentos alcalinos, como vegetales verdes.
- Cuando sientas náuseas entre comidas bebe pequeñas cantidades de jugo de manzana o uva, o agua mineral.
- Evita las grasas y las frituras, esto incluye mantequilla, margarina, aderezos a base de aceite, corteza de tartaletas, pastitas o galletas y papas a la francesa.
- Cuando cocines abre la ventana o usa un extractor de aire, para evitar la acumulación de olores.
- Toma la dosis adecuada de vitaminas y minerales y tés de hierbas (hojas de zarzamora).

Tips de los sabios
Para el estreñimiento:

El hierro aumenta la cantidad de la sangre; ayuda en el transporte de oxígeno de los pulmones a las células nerviosas; actúa como un resistente natural al estrés, previniendo el sentimiento de decaimiento, el acortamiento de la respiración y la susceptibilidad a las enfermedades que el estrés trae consigo, *pero ojo, si se consume en pastillas, puede producir estreñimiento.* Lo mejor es tomarlo en forma natural de los alimentos como plátano, almendras, brócoli, espinacas y germen de trigo, entre otros.

- Camina de seis y medio a ocho kilómetros diariamente, o un mínimo de *mil pasos* después de cada comida, cada día, sin perder uno.
- Bebe doce vasos de agua diariamente, sin contar jugos o tés.
- Relájate y practica la respiración profunda durante diez minutos diariamente.
- Incluye más frutas y vegetales crudos en tu dieta. Remoja frutas secas (ciruelas, duraznos, higos) en agua durante la noche y tómalos con yogur por la mañana. También puedes remojar en agua de dos a cinco ciruelas durante la noche con una cucharada de linaza y dos cucharadas de salvado y comerlas antes del desayuno.
- Come cereales y pan de granos enteros. Evita granos procesados y azúcares.
- Trata de tomar agua entre comidas pero *no*, con las comidas.
- Incluye en la dieta: salvado de trigo, levadura de cerveza, semillas de linaza.
- Disminuye la ingestión de pan, galletas y pastas.
- El padecimiento constante de estreñimiento puede causar hemorroides. Para aliviar las molestias de las hemorroides, se recomienda agregar a la dieta diaria medio betabel cocido.

Para la presión arterial

Alta:
- Camina al aire libre diariamente.
- Bebe doce vasos de agua diariamente.
- Baja el consumo de sal.

- El ajo y las cebollas son buenas pero no las comidas muy condimentadas.
- Descanso regular: media hora por la mañana y otra media por la tarde.
- Practica cinco minutos diariamente de respiración por la fosa nasal izquierda dos veces al día (página 288).

Baja:
- Camina al aire libre diariamente.
- Toma doce vasos de agua al día.
- Toma té de jengibre o té de canela.
- Cepilla la piel cada mañana con un cepillo de cerdas naturales, masajea tu cuerpo con aceites naturales, báñate y seca tu piel enérgicamente después del baño.
- Practica cinco minutos de respiraciones por la fosa nasal derecha, dos veces al día (página 290).

Para las agruras:

- Haz de cinco a seis comidas al día. *Siéntate* a comer de manera relajada, sin prisas y en paz. Mastica bien los alimentos.
- Evita alimentos grasosos, fritos o condimentados.
- Descansa con la cabeza y la parte alta del cuerpo levantado aproximadamente diez centímetros más arriba que el resto del cuerpo.
- No ingieras azúcar (incluyendo postres y aguas endulzadas en la comida, aunque sean de frutas) y disminuye la ingestión de miel.
- Usa ropa que esté floja de la cintura.
- Descansa pero no te acuestes después de comer.
- Durante el día respira despacio, profundo y completamente.
- Bebe doce vasos de agua diariamente.
- Las sobredosis de medicamentos pueden ser dañinos para tu bebé. Nunca tomes medicamentos sin consultar al médico.

- Evita alimentos procesados o con conservadores, así como la chatarra alimenticia, el café, el té negro, los azúcares y el chocolate, aunque no padezcas propiamente de agruras. Trata de que tu alimentación sea lo más sana y natural.

Insomnio

- Lava tus pies en agua fría antes de acostarte. Sécalos bien.
- Da a tus pies masaje con aceite vegetal prensado en frío. Pide a tu pareja que te ayude.
- Medita. Deja que termine el día y relájate.
- Acuéstate del lado derecho. Respira consciente y profundamente. Relaja el cuerpo y da gracias por el día.

Hinchazón de pies y manos

- Acuéstate y relájate unos minutos durante el día levantando las piernas.
- Mantén una buena postura.
- Cambia frecuentemente de posición. Evita estar mucho tiempo sentada o parada.
- Nunca cruces las rodillas o las piernas.
- Evita usar prendas ajustadas que ocasionen presión en cualquier parte del cuerpo.
- Toma doce vasos de agua diariamente.
- Toma jugo de arándano y toronja.
- Evita alimentos salados y agua mineral carbonatada.

Fortalece tu piso pélvico

El piso pélvico es la "puerta", por la que saldrá tu bebé. Es un músculo que debes identificar perfectamente para mantenerlo relajado y distendido durante la fase de expulsión del parto, para que el bebé pueda salir.

Esta es una práctica que deberás hacer todos los días y durante el resto de tu vida, ya que los músculos del piso pélvico sostienen los órganos internos del cuerpo. Durante el embarazo es común padecer de molestias vaginales como flujo, comezón, ardor, etcétera. Este ejercicio puede ayudarte a prevenir estos malestares; te ayudarán a mantener un buen tono muscular y evitar que se salga la orina al reírte o al toser. También te permitirán disfrutar más de tus relaciones sexuales, cuando llegue el momento.

La mujer puede fortalecer estos músculos cuando se crea el hábito de detener el flujo de la orina, al menos cinco veces, cada vez que va al baño. Uno de los primeros signos que demuestran un piso pélvico débil es la imposibilidad de sostener la orina.

Durante el embarazo, el piso pélvico tiene que soportar una carga extra con el peso adicional del bebé que llevas en el vientre. Para enfrentar este reto, practica detener el flujo de la orina y utiliza la combinación de los siguientes ejercicios, al menos de 200 a 300 repeticiones diariamente.

Puedes sentarte específicamente a hacer este ejercicio, pero también lo puedes hacer mientras ves la tele, hablas por teléfono, lees un buen libro o esperas tu consulta con el médico, contrayendo los músculos del piso pélvico con un ritmo independiente de la respiración. Permite que la respiración se relaje durante la práctica. Coloca las manos en el abdomen mientras tensas los músculos del piso pélvico. Los muslos o glúteos deben permanecer relajados.

Practica estas variaciones diariamente, de 50 a 100 veces cada una:

- Lenta: tensa los músculos del piso pélvico y sostén por tres segundos. Relájate.

- Rápida: tensa y relaja el piso pélvico tan rápido como puedas.

Practica los ejercicios para el piso pélvico en cuanto haya nacido tu bebé. Te ayudarán a recuperarte más rápidamente.

Agáchate conscientemente

Si puedes, evítalo, pero si es necesario, dobla las rodillas y baja a cuclillas, pero nunca te dobles desde la cintura. Mantén las rodillas, las piernas relajadas y separadas y la cabeza derecha, de manera que utilices la fuerza de los músculos de los muslos y no de la espalda baja. Si tienes otro bebé que te pida que lo cargues, primero siéntate para ponerlo sobre tus piernas. Traerlo cargado constantemente, lastimará tu espalda y puede provocar otro tipo de trastornos.

Como dije anteriormente, el embarazo no es una enfermedad; sin embargo, requiere que cuidemos de nuestro cuerpo. Algo tan común como cambiarse el tono del cabello o esmaltarse las uñas permite que los ingredientes químicos de esos productos, penetren al torrente sanguíneo de tu cuerpo y por supuesto al de tu bebé, causando efectos negativos que pueden tener influencia en el desarrollo de sus órganos. Los antiperspirantes bloquean los poros y evitan que sudes, por lo tanto, las toxinas se quedan en tu cuerpo. Podrás decir que no tienes toxinas, pero si al menos en una ocasión has tomado algún medicamento, o alimentos que contengan conservadores, por mencionar algunos, seguro tu cuerpo tiene toxinas.

Evita hasta donde sea posible los rayos X y el ultrasonido. Al momento, no se ha confirmado el daño que puedan ocasionar al bebé, pero hay evidencias de que podrían afectarle el sistema nervioso. Antiguamente, antes de tantos avances tecnológicos, no se hacían este tipo de exámenes y Dios cubría las necesidades de cada uno. Prográmalos conscientemente, pero sin abuso.

Si alguna de tus amigas te pregunta que si te puede ayudar en algo, dile: "¡Qué tal un masajito en los pies, o en las palmas de las manos!" Es muy relajante, porque activa terminales nerviosas, quita la tensión y es delicioso.

Todo lo que hagas por ti, lo harás para el alma que llevas dentro, así es que relájate, aliméntate bien, camina, medita, comparte con tus amistades, lee buenos libros, porque tu bebé lo absorbe todo, como una esponja.

El baño

En Rusia las futuras mamás, durante el invierno rompen el hielo y se despojan de sus ropas para echarse un chapuzón en el agua helada. Tampoco se trata de que llegues a esos extremos, pero la realidad es que el agua fría es mucho más benéfica que la caliente.

A partir de que inventaron los calentadores de agua, comenzó la costumbre de bañarse con el agua caliente, que ojalá fuera caliente, en realidad es casi hirviendo. Si al bañarte no aguantas el agua en la cara y sales de la regadera despidiendo humo, con la piel roja y a ciegas porque el cuarto de baño esta totalmente cubierto de vapor, estás exagerando la temperatura con la que te bañas.

Lo que no tomamos en cuenta, es que los poros quedan dilatados y expuestos a que penetre toda la contaminación del exterior. Hace varios años, un periodista decía que en nuestra ciudad, hay tantas heces fecales en las calles, que si fueran fosforescentes, no necesitaríamos alumbrado público. Esta contaminación penetra a tu cuerpo por medio de la piel y por consecuencia al torrente sanguíneo, así también el exceso de calor hace que tus músculos se vuelvan flácidos.

Pero, por si esto no fuera suficientemente convincente para que te bañes con el agua *menos* caliente, te diré que es la causa de que seas friolenta, tengas las manos y los pies helados, la piel reseca, no puedas calentarte ni de día ni de noche y no encuentres abrigo suficiente para aguantar el frío en lugares donde la temperatura es bastante baja en invierno.

Tampoco pretendo que mañana te bañes con el agua fría, pero te doy una sugerencia. Primero, antes de bañarte, cepíllate en seco con cerdas naturales, sin lastimar la delicada piel de tu vientre, los senos, el cuello y el rostro. Frota vigorosamente todo tu cuerpo con aceite de almendras naturales. Esto hará que tu piel se suavice, la circulación de tu sangre se active y sientas un poco de calor. Entra al agua que no debe estar demasiado caliente y pasa por tu cuerpo una esponja sin jabón, sólo para quitar el excedente del aceite. Utiliza jabones especiales para la higiene íntima.

Cuando comiences a sentir que el agua se enfría, no le abras más a la llave del agua caliente. Comienza a disfrutar de su frescura, déjala correr por tu rostro, tu pecho y tu vientre. Poco a poco, con el paso de los días, comenzarás a acostumbrarte. Tampoco se recomienda bañarse con el agua demasiado fría, especialmente durante el primer y el último trimestre, ya que puede ocasionar contracciones o un parto prematuro.

La ciencia de la hidroterapia ayuda a conservar la salud, a tener hijos sensibles y puede practicarse siempre y cuando no haya complicaciones durante el embarazo. Pregunta a tu médico si puedes practicar la hidroterapia de la siguiente forma:

Durante los 120 primeros días del embarazo:

Masajea el vientre bajo el agua fría hasta que sientas calor. Las facciones y facultades de tu hijo serán muy fuertes y siempre estará con ánimo. Los yoguis le llaman "nutrición extra", porque ayuda a mejorar la circulación sanguínea.

Del día 121 hasta el séptimo mes:

Masajea el vientre bajo el agua fría por tres minutos únicamente. Los yoguis lo recomiendan para fortalecer el sistema inmunológico del bebé.

Del séptimo mes hasta el día del nacimiento:

Sólo con agua tibia. No te bañes con agua fría después del séptimo mes.

—Definitivamente son demasiadas cosas que tendría que hacer para dejar de bañarme con agua caliente y no creo estar muy dispuesta —comentó Carla después de esta plática—. Además, sí es cierto que soy friolenta, pero gracias a que puedo usar abrigo de pieles, no me preocupa.

Ivonne y Graciela hicieron caso omiso del comentario de Carla, tan fuera de lugar. Se limitaron a tomar nota de dónde podrían comprar los cepillos para el cuerpo y el aceite de almendras dulces, pues querían comenzar a practicar su baño al día siguiente.

La ropa

Viste con gracia, con sencillez y buen gusto. Usa ropa holgada, no quieras aparentar que no has subido de peso, ni disimular tu vientre, tampoco tienes que mostrarlo para que todo el mundo lo vea. Tu parte divina hablará por sí sola, tu luminosidad será notada por todos y te lo dirán: "Te sienta muy bien el embarazo". No necesitas mostrar otros atributos para hacerte notar.

Ya sea que vivas en lugares fríos o en la costa, te recomiendo que evites usar ropa de fibras sintéticas, ya que tapa los poros que nos permiten sudar y eliminar las toxinas del cuerpo. Tanto si hace frío como calor, lo mejor es usar ropa de algodón, ya que es térmica. Si vives en un lugar muy frío, puedes usar ropa interior de lana para soportarlo.

La moda impone el color negro pues es glamoroso y nos hace ver delgadas, pero el negro significa ausencia de color, además, se ha comprobado que por su baja frecuencia vibratoria provoca depresión. Puedes darte cuenta en los velorios, las personas que acostumbran llevar luto, pasan más tiempo en el duelo y les cuesta más trabajo comprender la pérdida, salir adelante y continuar su vida.

Los colores claros te dan luz, brillantez y alegría. El blanco contiene todos los colores, ¿recuerdas el espectro solar? En la escuela nos enseñaban que haciendo girar los colores primarios, se proyectaba el color blanco. El color blanco aumenta tu aura, que es tu campo de energía protectora, te verás radiante y te sentirás muy protegida.

Tip de los sabios

Beber agua durante el embarazo es determinante para reciclar el líquido amniótico, ya que el bebé se alimenta y elimina sus desechos por ese medio, pero si en algún momento el médico te dice que el nivel del líquido amniótico está más bajo de lo normal, pero que el bebé no sufre estrés, cuando regreses a casa toma mucha agua, frutas jugosas y pepino. En muchas ocasiones puedes restablecer el líquido amniótico, para tratar de evitar que te induzcan el parto.

Capítulo 8

Tu trabajo más importante

Durante todo el día y la noche sientes los movimientos de tu bebé. Podrás darte cuenta en qué momento está tranquilo, tal vez durmiendo y si salta o se retuerce para acomodarse o por el efecto de un ruido.

Háblale como si lo tuvieras presente, como si pudiera comprender lo que le dices. Sentirá la vibración de tus palabras, si son de preocupación, de enojo, de alegría, de desesperación o de amor. No sabrá el motivo, pero sentirá tu emoción. No necesitas hablarle como si tú también fueras una bebé, habla normal, con un tono amoroso y calmadamente.

Lo que hizo que seas como eres hoy, es lo que sucedió cuando estabas en el vientre de tu madre y en tus primeros tres años de vida. Si es posible, pregunta a tu mamá cómo vivió tu gestación, en qué pensaba y qué sentía, como era la relación con su pareja y el entorno que la rodeaba, si la aceptaba la familia política o si trabajaba fuera de casa. Mientras más información tengas, podrás comprender muchas cosas que te suceden, te preocupan, tu personalidad o la forma en que reaccionas ante determinadas situaciones.

Si tu mamá ya no vive y no hay ningún familiar que te pueda proporcionar ayuda, la meditación es un tipo de autohipnosis, que con la práctica, te ayudará a sentir y tal vez, hasta "recordar" lo que sucedió en esa etapa, que incluso, podrás sanar. Sin juzgar, ni culpar, ni guardar resentimientos, honra a tu madre por haber sido el medio que escogiste para vivir en este plano.

Conéctate con tu bebé en el vientre

Necesitarás hacer algunas respiraciones o movimientos para quitar la tensión de tu cuerpo antes de comenzar y te permitirá concentrarte en la comunicación con tu bebé, búscalos en la segunda parte de este libro.

Trata de que al hacer tu práctica no haya interrupciones, ya sea el teléfono, la televisión o alguien que toque a tu puerta. La hora más adecuada es al amanecer, cuando todos duermen, es más fácil comunicarte con la divinidad y entregarte sin limitaciones.

Siéntate en postura fácil. Escucha cantos y mantras, para que tu mente se aleje de los problemas. Canta desde el momento que sepas que has engendrado una nueva vida dentro de ti, para que en el momento de su nacimiento, al cantarle nuevamente, reconozca tu voz y se sienta seguro. Cierra tus ojos y mentalmente dale instrucciones a tu cuerpo y a tu mente:

"Coloco mis manos en el abdomen, para comunicarme con mi bebé. Respiro largo y profundo. Gozo del sonido. Me siento como un punto de luz mental que se introduce a mi cuerpo por el tope de mi cabeza (es el séptimo chakra por donde entró el alma de mi hijo) y bajo lentamente por todo mi cuerpo, hasta llegar a donde está mi bebé formándose.

"Lo veo, lo siento y estoy con él, sintiendo su presencia, su cuerpo y la calidez del útero. Escucho el latido de su corazón y del mío. Laten juntos, acompasadamente. Lo abrazo y baño su cuerpo de amor. Nos sentimos en un total gozo. Lo observo, lo

siento, le trato de transmitir mi amor, mi seguridad y le digo
mentalmente:

Todo está bien, eres bienvenido,
voy a guiarte para que puedas cumplir
tu más alto destino,
estarás seguro y protegido,
en total armonía con el dios que te da la vida.
yo te amo y te espero con amor.

"Trato de sentir su respuesta, no son palabras, es algo que siento en el corazón. Me fundo con él en esa comunicación y trato
de escucharlo, de sentirlo. Escucho su alma, diciéndome qué
es lo que siente. Le hablo y me habla, sin palabras, con energía.
Entro en él y juntos nos comunicamos con Dios, proyectando
nuestros sentimientos, en actitud de agradecimiento por per-
mitirnos esta comunicación y esta unión. Trato de sentir si él
está bien. Mi gozo es el de él.

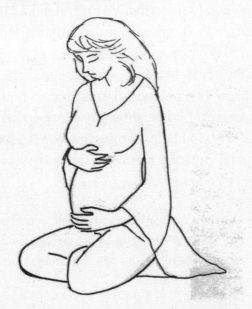

"Abrazo a mi bebé con energía. Me siento amada por Dios y se lo transmito a mi hijo. Le hago llegar mis sentimientos de amor, aceptación, valentía, paciencia y tolerancia con los demás. Ahora lo escucho, lo siento, lo abrazo.

"Siento su energía, la uno con la mía. Nos fundimos en un abrazo. Le canto amorosamente... Siento la presencia de Dios en mí... en mi bebé... y nos abraza... sentimos su amor. Sentimos el gozo de estar los tres juntos. Le damos gracias por dejarnos sentir la vida, la creación misma.

"Libero mis miedos y limitaciones y se las doy a Dios. Le pido que me permita compartir la valentía y el coraje de vivir con mi hijo... Que traiga al mundo un hombre de honor y de valor, no hay límite, puede ser tan grande como mi psique lo prepare. Bendícenos Señor, libéranos del miedo, de limitaciones y de traumas. Bendícenos.

"Lenta y suavemente, lo deposito nuevamente en mi útero, lo dejo dormidito, le digo: 'Hasta pronto hijo mío, te dejo mi energía de amor, valor y fortaleza... y regreso con mi energía y mi concentración hacia arriba'. Voy regresando, cantando dulcemente, subiendo, despacio, hasta salir por el tope de mi cabeza y llegar al exterior, a este momento… aquí y ahora. Abro mis ojos suavemente. Inhalo y exhalo profundamente."

Puedes hacer esta práctica diariamente, durante el tiempo que desees y agregar las palabras que expresen tus sentimientos. Sería ideal que pudieras compartirla con tu esposo. Si puedes lograr estar lo suficientemente calmada y quieta, podrás saber lo que tu bebé siente.

Ivonne y Graciela estaban profundamente conmovidas después de la meditación con su hijo. Las lágrimas rodaban por sus mejillas; sin embargo, en su rostro se dibujaba una sonrisa llena de amor y de alegría.

—¡Que bella experiencia! —Comentó Graciela—, realmente pude introducirme a mi propio cuerpo y abrazar a mi bebé. Le pedí perdón por querer abortarlo y le prometí esforzarme toda la vida por su bienestar.

—¡Yo sentí su piel! Es tan suave, tan delicada. Le dije que a su papito le va a encantar disfrutar de estos momentos con él y que esta misma noche platicaremos de nuevo.

Frecuentemente, cuando comienza la labor de parto, la mente no está preparada para tener un hijo, por eso los pocos meses que dura el embarazo son tan importantes, ya que podrás aprender muchas cosas que literalmente harán que te calmes. Hay un canto que dice: "La paciencia tiene su recompensa, espera, espera que la mano de Dios trabaje por ti". Esto es lo primero que se aprende cuando comienzas el camino espiritual.

El maestro Yogi Bhajan cuenta que cuando era niño fue con un sabio a hacerle unas preguntas. El sabio señaló un árbol y le dijo: "Espérame aquí a que regrese y entonces contestaré tus preguntas." La historia dice que Yogi Bhajan esperó en el árbol durante tres días y tres noches sin bajarse, ¡hasta que el sabio regresó! A eso le llamo tener paciencia y honrar la palabra de tu maestro.

Desarrollarás mucha paciencia y tolerancia como madre. Siembra una plantita y disfruta viendo su lento crecimiento cada día, riégala, abona la tierra, cuida que no tenga plagas, habla con ella y acaricia sus hojas. Verás que crece rápido y adornará tu jardín.

Lo que un niño aprende en el vientre, no puede ser aprendido en la Tierra.

Siempre hay alguien así

Ya hemos hablado bastante de lo que puedes hacer por tu hijo mientras esté en tu vientre, pero qué pasa con el resto de las personas que tienes que frecuentar. Me atrevería a decir que en todas las familias existe alguien que por diversas razones tiene, como decimos en México, la sangre pesada o mala vibra.

Esto no tendría mayor relevancia si a ese alguien lo ves una vez al año, pero si ese alguien resulta ser... tu suegra, la hermana preferida de tu esposo; el amigo con el que jugó durante toda su infancia o tu propia mamá, y se presenta en tu casa un día sí y al otro también; interviene en la conversación entre tu esposo y tú; se queja lamentándose de todo lo que le pasa; critica a diestra y siniestra, entonces... necesitarás de mucha paciencia para tolerar a esa persona en tu hogar.

El centro de las emociones

El embarazo nos hace estar muy sensibles y a veces intolerantes. Esto se debe a que el ombligo es el centro de las emociones donde convergen 72 000 terminales nerviosas. Al crecer el abdomen estas terminales nerviosas quedan a flor de piel, por eso saltas de la alegría al llanto o del enojo a la depresión en un mismo día, sin motivo aparente. Podrás sentirte intolerante para lidiar con aquella personita de la que hablábamos anteriormente, que te exaspera y te saca de tus casillas con el mínimo detalle o comentario.

Tip de los sabios: bendice

Pero hay algo que podemos hacer sin mucho esfuerzo. He escuchado a muchos adolescentes que influidos por las series de televisión y películas extranjeras, *maldicen* a cada momento, en cualquier situación, por trivial que sea. Yo te sugiero que en vez de maldecir, utilices una alternativa para tratar a aquellas personas que te son indeseables pero que están muy cerca de ti. La herramienta es mucho más fácil de utilizar de lo que supones. Cada día, al terminar tus *tres minutos* de meditación, solo pide a Dios: "*Señor, bendice a …*", repitiendo el nombre de la persona.

Lo maravilloso de esta frase es que no tienes que concentrarte, ni visualizar a la persona, ni enviarle luz, ni siquiera hacerlo desde el corazón o repetirlo quinientas veces. A lo mejor te sientes enojada con la persona y hasta tienes los dientes apretados, pero aún así… funciona. Comienza a hacerlo y verás resultados muy pronto.

Confía en tu pareja

Lo escogiste por alguna razón, así es que no pretendas que sea

Si todos los bebés al nacer pudieran compartir su mirada con su padre y su madre, habría paz en la Tierra.

como tú, porque es la polaridad que necesitas. Recuerda que funciona con el hemisferio izquierdo, realiza solo una actividad a la vez y con toda seguridad, lo hace muy bien, pero debes permitirle que lo demuestre. Las mujeres somos dieciséis veces más intuitivas que el hombre, pero no es una razón para que le muestres tu enojo o desaprobación si él no funciona igual que tú. Ámalo y acéptalo por ser diferente a ti.

Si él está en condiciones de proporcionarte todas las comodidades que necesitan tú y tu familia, contrata una partera profesional y una persona que te ayude con las labores de la casa durante el embarazo y después del nacimiento.

Apoya a tu pareja, nunca lo critiques en público, ni hables mal de él con tus amigas, pues tarde o temprano se te revertirá. ¿Cómo puedes hablar mal de quien lleva el sustento a tu casa y de la pareja que escogiste como padre de tu hijo? Conviértete en su aliada y lo tendrás a tus pies.

Tip de los sabios

De la misma forma en que te preparas para recibir a tus invitados, prepárate para recibir a tu pareja, porque su momento más importante del día, es cuando llega al hogar, después de una jornada de trabajo.

Si estás en el teléfono platicando, cuélgalo, si estás viendo un programa en la tele, apágala, si estás platicando con alguna amiga del vecindario, déjala. Recíbelo, dedícale unos minutos (no necesitan demasiados, tal vez quince o veinte minutos sean suficientes), dale algo de comer o beber, tal como lo haces cuando llegan amistades a tu hogar. Hazlo sentir bienvenido y el rey del hogar y te tratará como a su reina.

Hazle sentir tu apoyo y tu respeto, anímalo a crecer, márcale objetivos a lograr, y él te corresponderá estando presente cuando lo necesites, durante el embarazo y el parto, ayudándote, dándote valor y reconfortándote. Habla con claridad desde el corazón, diciendo lo que necesitas y lo que él te puede ofrecer. Disfruten platicando con el bebé, escuchando su corazón, leyéndole cuentos o cantándole. Aprendan a disfrutar juntos siendo una familia.

—Pues a mí me cae muy gordo que Armando llegue tarde y que quiera platicarme todo lo que le pasó en el trabajo, —refunfuñaba Carla—. Parece que no se da cuenta de la hora y que yo quiero dormir en vez de escuchar cosas que ni entiendo.

—Agradécele que quiera que participes con él, —le contestaba Graciela—. Si le sigues dando la espalda, no te sorprendas cuando encuentre a alguien que sí lo escuche.

—Por mí, mejor, así me dejará tranquila —respondía Carla.

—Carla, ¡no sabes lo que dices! —le argumentó Ivonne—. Estás esperando a su hijo, ya son una familia, no puedes ser tan egoísta con él. Si es la única hora que tiene disponible para platicar contigo, pues descansa durante el día, para que puedas escucharlo en la noche, cuando te necesita.

—¿Descansar durante el día? —exclamó Carla horrorizada—, ¿no te he platicado todo lo que hago? Apenas tengo tiempo para cumplir con mis compromisos, quién pensaría en dormir.

—Bueno, cada quien resuelve sus asuntos como mejor le parezca, —dijeron Ivonne y Graciela—. Y cosecha lo que siembra, sólo que después, no te quejes.

Capítulo 9

Involucra al papá de tu bebé

Era tan grande la ilusión que sentía Armando por el hijo que esperaba con Carla, que asistía a la clase con regularidad, aunque en ocasiones, ella no alcanzara a llegar por estar en sus compromisos sociales. Esto no parecía ser de mucha importancia para ella; sin embargo, para Armando era frustrante. El yoga había sido de mucha ayuda para él, pues se sentía relajado y con ánimo, pero cuando llegaba el momento de la meditación con el bebé, se sentía deprimido porque el suyo… no estaba en el salón de clases.

—Mi amor, no faltes a tu clase —le rogaba—, me hace falta que estés ahí. Es tan importante para mí compartir estos momentos contigo y con mi hijo, que he cancelado citas y juntas de trabajo programadas para asistir a la clase.

—Lo lamento, Armando —se justificaba—, pero es que no podía dejar al grupo de la escuela porque desde hace meses me han estado organizando esta reunión.

—Bueno, eso fue hoy —le replicaba— y ¿el martes? Y, ¿la semana pasada? ¿Qué te lo impidió?

Carla siempre tenía pretextos para no asistir a la clase. Le costaba trabajo separarse de sus actividades, sentía apatía para incorporarse al yoga, más que nada por la falta de sensibilidad y cariño con la que había sido criada, siempre entre sirvientes e internados.

El salón de clases, un lugar acogedor, con aroma a canela suave, cojines, cobijas, colchonetas y todo lo necesario para sentirse cómoda, la transportaban a un rincón de paz, dentro del abrumador mundo en que vivía. Poco a poco, disfrutando de melodías de amor, con ritmo cadencioso y palabras dulces de alabanza a Dios, su mente se relajaba y le permitían "tocar el cielo con las manos", haciendo conexión con su alma.

Pero cierto rechazo interior, aunado a su ego y a su vanidad, le impedía aceptar que el yoga le gustaba y le hacía sentir bien. Necesitaba saber y sentir, que era aceptada en sociedad y admirada por sus talentos deportivos y físicos, por su moderna y sofisticada forma de vestir y su atrevida forma de caminar, que con el embarazo, había tenido que cambiar.

—¡Mira como me ha crecido la panza! —decía mostrando su pequeñísimo vientre—. Sólo de pensar que crecerá más no me dan ganas ni de verme al espejo —se quejaba.

—Una mujer embarazada siempre se ve hermosa. La luz que irradia refleja la divinidad que lleva dentro. Trata de no referirte a tu bebé como "la panza", suena despectivo y tu bebé lo percibe, no olvides que absorbe todo de ti. Además estás dentro de los parámetros normales, pues habrás aumentado de doce a quince kilos al terminar el embarazo.

—Ni de broma pienses que voy a aumentar tanto de peso —refunfuñó—, ¿te imaginas el esfuerzo para bajarlos después?

—Si me imagino. Y sonreí.

Acostumbrada a viajar constantemente, Carla presionaba a Armando para que la llevara de vacaciones.

—A cualquier lado, lo que quiero es salir de esta ciudad —exigía.

—El doctor Garza dice que ya no debes viajar.

—Pero por qué todos me tratan como si fuera inválida. Me siento perfectamente y no soy una inútil —reclamaba gritando.

—Lo sé —respondía Armando—, sabemos que el embarazo no es una enfermedad, pero es un estado de cuidados y no hay que exponer ni a ti ni al bebé.

—Bueno, me llevas o no. Finalmente, puedo irme con mis amigas.

Armando accedió más por no escuchar sus exigencias que por el deseo de viajar. Como casi no se le notaba el embarazo, tomaron un avión hacia una hermosa playa. Allí rentaron un automóvil para conocer los alrededores y Carla se empeñó en que no regresaran en avión pues quería conocer otros lugares. Así es que recorrieron varias ciudades de México. Durante el día pasaban mucho tiempo en los centros comerciales haciendo, como siempre, compras inútiles.

—Vayamos a la playa —le decía Armando—, se supone que debes descansar y no hallo como detenerte.

—Tengo que comprarme la ropa y los zapatos para la cena de esta noche —respondía—, va a haber un *show* estupendo.

—Todas las noches ha habido *shows* estupendos —le reclamaba—, ¿cuándo te vas a detener?

La soberbia y la vanidad de Carla, no le permitían mostrar a su esposo el cansancio y los malestares que sentía. Finalmente, después de una semana de paseo, regresaron a casa. Carla se desplomó en la cama y sorpresivamente no se levantó en dos días. Armando, alarmado, le llamó al doctor Garza, quien después de escuchar su relato del viaje lo tranquilizó.

—Regresaron muy a tiempo, tal vez si se hubieran demorado uno o dos días más, se habría presentado un parto prematuro. Déjala que descanse, si está acostada es que verdaderamente está agotada. Si hubiera alguna otra cosa, me llamas de inmediato.

—Muchas gracias doctor, me comunicaré con usted mañana para decirle cómo se siente.

Un momento de reflexión para él

La llegada de un bebé implica una serie de cambios en la vida íntima de toda pareja. Tal vez te preguntarás cómo puedes ayudarla y en realidad no hay una respuesta correcta o incorrecta, solo debes "entonarte" con ella. Para cuando esperes la llegada de tu primer hijo, ya deberás conocerla en sus gustos, reacciones, limitaciones, capacidades, talentos, emociones y en general todo su ser.

El embarazo y el parto es probablemente la experiencia más intensa en la vida de toda mujer, durante esa etapa podrás darte cuenta que además de los cambios que sufrirá su cuerpo, también tendrá cambios en su carácter, en sus estados de ánimo, en sus hábitos alimenticios y hasta en su forma de dormir.

Tal vez para ti sea difícil acostumbrarte a estos cambios tan violentos, pero ella necesitará de tu apoyo y de tu comprensión. El bebé se mueve constantemente dentro de ella, a veces le oprimirá algunos órganos que la harán sentirse molesta. Son situaciones por las que tú nunca pasarás, por eso necesitarás mucha comprensión. Hasta donde te sea posible, participa en sus actividades, acompáñala a hacer su caminata diaria, invítala a que su alimentación sea lo más sana posible, cambia tu dieta, así será más fácil para ella. El bebé aprenderá más por imitación antes de cumplir su primer año, que por tus palabras. Si no te es posible ayudarla con las labores domésticas, contrata a alguien para que le ayude.

El embarazo y el parto son experiencias que cuando se viven por primera vez, se siente miedo a lo desconocido y después del segundo hijo, también se siente miedo a lo ya conocido. Busquen libros que les proporcionen información verdadera acerca de estas etapas. No se dejen influir por comentarios de familiares o amistades, recuerden que cada uno de nosotros es único e irrepetible, nunca ha habido nadie como tú, ni lo habrá, entonces no creas que porque tu esposa tiene los mismos síntomas que tu prima, le va a suceder lo mismo que a ella. Eso no existe más que en la mente, así es que aplícate a hacer la práctica de los *tres minutos* junto con ella y verás que poco a poco adquirirás más confianza y seguridad en ti mismo, además podrás relajarte con más facilidad y la comunicación sutil con ella se fortalecerá.

Si en ocasiones sientes que se queja o se deprime demasiado, recuérdale que el embarazo dura poco tiempo. Inspírala a que rebase la confusión emocional, ya que ella es una manifestación divina.

No le permitas que se refiera a si misma en tono despectivo acerca de "su panza" o de lo mal que se ve, estando tan gorda. Siempre recuérdale que lleva tu hijo adentro, producto del amor. Hazle sentir que se ve hermosa y con gracia y si la observas haciendo movimientos torpes por el exceso de peso, tal vez al dormir o al quererse agachar, nunca te rías de ella.

Si te manifiesta que se siente a disgusto en algunas reuniones o en la compañía de ciertas personas, no la obligues a quedarse. Cuando estamos embarazadas desarrollamos una sensibilidad muy profunda, pero muy sutil, percibimos energías, emociones e intenciones que no se perciben en otras etapas de la vida. Confía en su intuición y acompáñala a desarrollarla más, con la práctica de los *tres minutos* de meditación al día. Antes de ir al cine, al teatro o cualquier otro lugar, asegúrate de que lo que vea la va a hacer sentir bien y a enaltecer, ya que tu bebé también recibirá esa vibración. Estando tan sensible pueden alterarla los coches, la alta velocidad, las curvas, el ruido, etcétera. Esmera tus cuidados cuando suba escaleras, ya que su equilibrio empieza a cambiar desde el primer mes.

Abstente de presionarla con relaciones sexuales. Se le debe dejar ese espacio al bebé para no sobrecargarlo de vibraciones sexuales. Platiquen acerca de todas las opciones que hay para satisfacer esa necesidad. Pueden hacer todo lo que implica la relación de pareja… salir a pasear, a cenar, al cine, a bailar, darse masaje, acariciarse, incluso besarse. Lo que puede afectarle a ella es la parte final, que es la penetración; fuera de eso, cortéjala y enamórala de nuevo. Para canalizar esa energía, puedes hacer ejercicios yóguicos (postura de silla y Sat Kriya, ver en la segunda parte). Abstente de comer ajo, cebolla, picante y otras especias estimulantes.

Durante la última semana del embarazo toma el control de mando de la situación, mantente localizable en todo momento, verifica que los teléfonos celulares tengan suficiente crédito y batería, que el automóvil se conserve con gasolina y las llantas en buen estado, sobre todo en época de lluvias. Ella deberá tener la maleta lista con su ropa y también la del bebé, sus uñas cortadas y si hay niños mayores, ya deberán tener organizado en dónde se quedarán durante los días que mamá esté en la clínica de maternidad. Deberán conocer el recorrido al hospital, para tomar el tiempo que les lleva llegar, aún con tráfico pesado. Así también ya deberán tener disponible a la persona que cuidará de mamá durante la cuarentena, ya que ella no podrá hacerse cargo de la casa, de preparar los alimentos, de hacer las compras, de echar la ropa a la lavadora, de atenderte a ti ni a los otros niños. El darle vida a un hijo es un trabajo tan fuerte, que se necesitan de esos 40 días para recuperarse del cansancio, del agotamiento y de las emociones.

Sergio e Ivonne abrazaban a su bebé en el vientre constantemente, era parte de la rutina de cada noche, antes de dormir. Esos momentos de intimidad después de una larga jornada de trabajo, eran muy relajantes e inspiradores para él. Cuando Sergio llegaba temprano, hasta les daba tiempo de hacer algo de yoga antes de cenar. Bailaban, cantaban, platicaban y acariciaban a su bebé. Ya eran toda una familia. Durante el día, Ivonne dosificaba sus actividades para no sobrecargarse. Salía al jardín a hacer su caminata y a veces se iba al parque de la colonia, para disfrutar viendo jugar a otros niños. Cada día había una experiencia diferente con su bebé.

Participa durante la etapa de transición:

- Anímala a que camine constantemente y sosténla mientras se coloca en la postura de cuervo (cuclillas).
- Medita y canta con ella.
- Consérvate calmado y alerta. Eleva su conciencia. Manténte alerta y neutral a sus emociones. No lo tomes como algo personal.
- Si vas a entrar al parto, tu actitud deberá ser relajada, si no, *emprende la retirada,* será mejor para ti y para ella.
- Dale mucho amor y valor. Necesita rodearse de afecto y cuidados.
- Condúcela firmemente en cada contracción. Recuérdale tomar cada contracción a su tiempo. Si el pánico la hace perder el control por un momento, háblale firme y claramente. Respira con ella y masajéala amablemente.
- Si necesita corregir la respiración, primero alaba lo que esté haciendo bien y después indícale lo que necesita corregir.
- Ignora toda distracción y manténla centrada en su trabajo de parto.
- Toma el tiempo de las contracciones y déjale saber cuánto tiempo más necesita para mantenerse durante cada una.
- Ofrece a sus labios té o agua. Humedece su cara con una toalla húmeda si tiene calor, o dale un hielo para rehacer la saliva.
- Ofrécele un masaje, ayúdale a que cambie de posición cada media hora y mueve sus extremidades.

También durante el trabajo de parto:

- Revisa su estado de relajación: que las articulaciones de los brazos y las piernas, así como la espalda estén flexionadas, sin tensión, los ojos cerrados sin apretar, las manos en los muslos o sueltas.

- Observa su respiración y verifica que su boca esté relajada y sus dientes separados. El abdomen debe levantarse al inhalar y contraerse hacia abajo al exhalar, rítmicamente. Respira con ella si es necesario, para mantener una respiración lenta. Durante la contracción, pueden tener contacto ocular, si ella lo desea.

- Ayúdala a relajarse, sobando su espalda o ajustándole las almohadas. Háblale amorosamente, ofrécele masaje donde sienta tensión. Anímala y ofrécele una toallita húmeda para pasar por su rostro.

- Anímala a que beba traguitos de agua. Ayúdala a ir al baño o a bañarse, si así lo desea. Toma el tiempo de las contracciones y dile palabras que le ayuden a mantenerse firme en el momento de la contracción. Así cuando las contracciones se vayan haciendo más fuertes, hablará menos y podrá concentrarse en ellas. Ayúdala a mantener su concentración.

Una tarde me llamó Graciela muy alarmada. Estaba trabajando cuando de pronto había sentido como un tirón en su vientre, justamente atrás del ombligo.

—Más que dolor siento una intensa molestia, como si el bebé me jalara por dentro. ¿Qué puede ser? —me preguntó alarmada—, ¿crees que deba hablarle al doctor?

—Primero intenta esto, ve al cuarto de baño y siéntate en algún lugar aislado. Cierra los ojos y coloca ambas manos sobre tu vientre. Respira largo y profundo. Calma tus pensamientos. Mentalmente, métete a tu cuerpo y baja hasta donde está tu bebé. Trata de visualizarlo. Tómalo entre tus manos y dile: "Hijito, lo que estás haciendo, me está lastimando. Por favor muévete un poquito de manera que sueltes tus manitas, algo de lo que haces me está haciendo sentir mal. Necesito estar tranquila para seguir trabajando y cuando lleguemos a casa, te prometo que conversaremos de nuevo." Cuando lo hayas hecho, me vuelves a llamar para que me digas qué sucedió. Te estaré esperando.

Me llamó de nuevo a los quince minutos.

—Fue milagroso, desapareció la molestia.

—Bueno, de eso se trataba. Gracias a Dios.

Después del nacimiento

Deberás tener conciencia de la vulnerabilidad de tu esposa durante los 40 días siguientes al parto. Su estado anímico puede ser variable, tal como te sucederá a ti, ya que tal vez te sientas desplazado, porque toda la atención de ella la acapara el bebé.

Sé tolerante, paciente y comprensivo. Se requiere de esos 40 días para integrarse totalmente. Por eso es muy importante que durante la cuarentena, la nueva familia disponga de una privacidad que no se interrumpa constantemente con la visita de parientes y amigos.

Además, recuerda que a tu hijo se le terminará de formar su campo electromagnético hasta los 40 días de nacido, y por lo tanto estará susceptible de recibir toda clase de energías a su alrededor que pueden afectarle, causándole trastornos nerviosos o enfermedades innecesarias.

Tendrás que propiciar la relación con ella, invitándola a salir, al teatro, a dar un paseo o a participar en el deporte que disfrutaban antes, salgan a caminar o a comer. Disfrútense uno al otro y platiquen. Te ayudará mucho involucrarte con el bebé.

Ya son una familia, con una responsabilidad muy grande. Este hijo no es de tu propiedad, te lo presta Dios para que le des los valores y no solamente disciplinas sociales (como dar las gracias o lavarse las manos). Edúcalo sin miedo, enséñale valores profundos y cómo manejar la vida. Dale las armas que necesita para salir airoso en esta batalla: la humildad, la obediencia, la igualdad, el servicio, la justicia, la misericordia, la calma, la valentía, la comunicación, el respeto, la tolerancia, el amor, la compasión. Enséñale a respetar a la mujer y a honrar a sus maestros. Esto es lo que hace que un hombre se convierta en un verdadero *ser humano*.

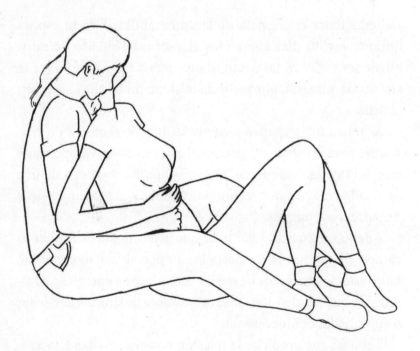

Capítulo 10

Dónde nacer

Los aztecas le daban el mismo reconocimiento a la mujer en labor del parto que a los guerreros que regresaban de la batalla. Actualmente, en algunas escenas de películas de hospitales, donde aparecen mujeres en trabajo de parto, gritan desesperadas y sudan copiosamente, los médicos corren de un lado a otro y se preguntan si podrá lograrlo. Muestran a la mujer como criatura débil a merced de un evento sangriento y de terror, lo que es lejano a la realidad.

En casa

Es de lamentarse que se haya perdido la tradición de parir a los hijos en casa y haberla cambiado por la experiencia en instituciones hospitalarias donde la atención se vuelve fría y en ocasiones, deshumanizada. La futura madre pasa de un ser sublime con la manifestación divina en su vientre, a un número de expediente y un porcentaje en las estadísticas.

Hay muchas razones para tener al bebé en casa o en una clínica de maternidad, en lugar de una gran institución hospitalaria, siempre y cuando lo desees, tengas buena salud, el embarazo se haya desarrollado normalmente, no hayas tenido experiencias previas que pudieran ponerte en riesgo o alguna condición física que pueda complicar un parto natural.

Habíamos terminado la clase y comentábamos acerca del parto.

—Yo no me voy a arriesgar a tenerlo en la casa, —argumentó Carla cuando me escuchó hablar—. ¿Y si algo viene mal?

—¿Por qué tienes que pensar que algo viene mal? Tu embarazo se ha desarrollado normalmente, a no ser por el dolor que tuviste en el vientre, pero ya supiste que fue por exceso de actividad —le dije—. En países del continente europeo, los bebés nacen en sus casas, atendidos por parteras. Las parteras alemanas son especialmente famosas por sus conocimientos y estrategias para ayudar a las mamás en el momento del parto.

—Pues de todos modos, no me parece que sea agradable —refunfuñó—. Lo siento agresivo, yo merezco tener una esmerada atención y estoy buscando el mejor hospital.

—Bueno, ésa es tu decisión, pero no dudo que habrá quien desee tenerlo en casa.

—Para mí, —dijo Ivonne de inmediato— es mucho mejor y menos riesgoso tenerlo en casa que en un hospital. Ya le pregunté a mi médico y me dijo que desde hace años atiende a las pacientes que se lo piden en su hogar y que su papá, quien también era ginecólogo, le dio las primeras enseñanzas. De ahí fue que le nació el deseo de ser médico.

—Yo también se lo voy a pedir al mío a ver si accede, si no, me darás los datos de tu médico para ir a consultarlo —dijo Graciela.

—Bueno —les dije—, en caso de que no sea posible, al menos acudan a varios hospitales, clínicas y maternidades a conocer las políticas y la forma en que atienden los partos, para que no haya sorpresas en la hora crucial. Incluso en clínicas y maternidades pequeñas, te permiten tener a tu bebé contigo en la misma habitación durante el tiempo que estés internada.

De otra manera, los hospitales grandes, por seguridad de la madre y del bebé, tienen custodiados los cuneros con guardias. El personal a veces se ve agobiado por la demanda de atención de los pacientes y no es posible que te lleven a tu bebé para que lo alimentes cada dos horas, que sería lo ideal. Por lo tanto, se apoyan en alimentarlos con biberón y fórmula, sin darse cuenta que esto desestimula tu producción de leche y por otro lado, el instinto de succionar del bebé. Hay casos en que las mamás cargan por primera vez a sus bebés hasta más de doce horas después de su nacimiento. Como comprenderán, esta situación afecta dramáticamente a la madre y por supuesto al bebé, quien después de haber estado en el lugar más seguro para él... tu propio vientre, de pronto está aislado, sin escucharte, envuelto en "trapos" a los que no está acostumbrado, con frío y probablemente con hambre, mientras lo atienden.

—¡Qué horror! Por nada del mundo quiero que me separen de mi bebé, él necesita de mi y yo de él —exclamó angustiada Ivonne.

—Bueno, no habiendo nada clínico que lo impida, no entiendo por qué en los hospitales grandes se los llevan con mil pretextos que las madres no comprenden, no les explican y en muchas ocasiones no se atreven a preguntar —comenté—. Necesitan platicarlo con su médico y el hospital y que les quede muy claro, hasta que queden satisfechas con las respuestas, de lo contrario tendrán que seguir buscando el lugar que para ustedes sea el mejor y cubra por completo sus necesidades.

Algunas razones para tener un parto en casa son:

- La atmósfera es más relajada.
- Sientes mayor seguridad y comodidad.
- Tienes acceso a un baño limpio cercano, con la posibilidad de tomar una ducha en una habitación tibia. Los baños durante el parto pueden ayudarte a relajar y a que el bebé nazca más

rápido, libera la tensión de la espalda, las caderas y los músculos pélvicos, proporcionando a tu hijo una transición pacífica
de tu vientre al mundo.

- Sabes que eres libre para ser tú misma, para hacer lo que quieras, para moverte como desees, para escoger la posición que
más te acomode.

- Tienes la seguridad de que no se te practique una intervención u otras técnicas que suelen hacerse por hábito en los hospitales, como ruptura de la fuente o afeitar el pubis, a menos
que sea estrictamente necesario.

- Puedes dilatar sin medicamentos y aplicar las técnicas que has
aprendido para fluir con el dolor.

- Tú escoges a tus asistentes, en vez de estudiantes que vienen a
practicar contigo, con los que tomas decisiones conjuntas, en
lugar de que te las impongan.

- Disfrutas de una relación de igualdad con quienes te atienden.

- Tienes la asistencia de parteras profesionales.

- Compartes tu parto con personas cercanas a ti, disfrutando la
sensación de comunidad amorosa.

- Puedes encender velas, escuchar música, caminar por la casa,
la cocina y el patio, mirar las estrellas y deleitarte con el aroma
de las flores del jardín.

- Puedes preparar previamente la habitación donde nacerá tu
hijo, colocando cortinas y luces de color azul claro para evitar
lastimar sus ojitos.

- La familia se puede mantener reunida, con los demás hijos
cerca.

- Puedes meditar y hacer yoga por *tres minutos* o durante el
tiempo que te haga sentir bien.

- Recibes asistencia después del parto, de forma más personal e
intima.

- No te separas nunca del bebé. Actualmente, en los hospitales,
hay ocasiones en que la madre recibe a su hijo hasta 24 horas

después de su nacimiento, cuando ya lo han alimentado con fórmula y tienes que enfrentar el problema de que, posteriormente, no quiere aceptar tu pecho.

Algunos especialistas médicos opinan que cuando una mujer está en casa y quieres intervenirla quirúrgicamente, la situación te obliga a pensar si es verdaderamente necesario. La misma facilidad con que las intervenciones quirúrgicas se realizan en el hospital, aumenta el riesgo de que se lleven a cabo sin necesidad. Tu médico debe tener previsto con algún hospital cercano, que puedan darte espacio y atención, en caso de necesitarlo.

Lo más importante es que sepas que tienes opciones. Pregunta a tu médico si puede ayudarte en casa, pues recuerda que tú eres la que le das vida a tu hijo. En los países europeos, cerca del 70 por ciento de los nacimientos se atienden en el hogar con parteras profesionales y un alto índice de éxito. Tendemos a exagerar cuando platicamos acerca de la experiencia de nuestro parto. "Tuve 60 horas de trabajo". Cuando escuches esto, pregunta cuánto duró el trabajo de parto *activo*, que es cuando tienes que respirar concentrándote totalmente en cada contracción.

Borra de tu mente las imágenes que has visto en las películas y comprende que como eres única e irrepetible, tu parto igualmente lo será. Honremos la experiencia del parto, piensa en él como un acto sublime de luz, en donde la presencia divina se pone de manifiesto con el primer llanto de tu hijo y considera guardar la cámara de video para otra ocasión.

En un hospital

Si finalmente decides atenderte en un hospital, entonces averigua todo lo concerniente a los partos *antes* de que se presente el tuyo o del día programado para la intervención por cesárea. Algunas preguntas a considerar para formular al médico o a la institución son:

- Si se permite a tu asistente acompañarte durante el nacimiento.
- Si te permiten caminar, hacer yoga y meditar durante el trabajo de parto.
- Si te permiten llevar tu música a la sala de expulsión, para escuchar el canto con el que has meditado, durante el nacimiento de tu hijo.
- Cuánto tiempo espera el médico antes de decidir hacer una cesárea.
- Si no está disponible por vacaciones o cualquier otra razón, quién lo sustituirá y si el otro médico comparte su ética profesional. Intenta conocerlo.
- Si puedes colocarte en cuclillas, o en cualquier postura que desees, para el nacimiento.
- Si te darán a tu bebé para que lo alimentes al momento de nacer.
- Bajo qué circunstancias te van a separar de tu bebé y durante cuánto tiempo.

Es importante que te concentres en tus sentimientos cuando el médico te toca. Fíjate si te sientes incómoda o desconfiada, o si sus movimientos o palabras te parecen bruscas o agresivas. No tienes que continuar siendo su paciente si te desagrada o sientes desconfianza. Hay infinidad de parteras y médicos maravillosos, con talento, sabios, respetuosos, cuidadosos y protectores. Busca hasta que encuentres el indicado para ti. No necesitas darle explicaciones a nadie de tus decisiones o sentimientos.

Cuando Lorena fue a su primera revisión con el ginecólogo, tenía dos meses de embarazo.

—Puedo programar tu cesárea para el... 1º de noviembre —le dijo.

—¿Cesárea? —preguntó Lorena sorprendida—, pero si apenas tengo dos meses.

Salió de la consulta y nunca regresó con él.

El uso apropiado de la tecnología es muy importante, aún más, es vital. Pero no se vale utilizarla como un medio para evitar participar en la experiencia humana. Practicar una intervención de cesárea cuando no es necesaria, te traslada de la posición de tener la experiencia más trascendental de tu vida, a ser una simple espectadora en un proceso que tiene más importancia como propósito comercial, que el de salvar la vida. Sólo se justifica en las peores circunstancias, cuando la madre o el bebé están en riesgo de muerte, pero nunca para engrosar las arcas de quien se dice "médico" y abusa de la ignorancia, inocencia y confianza de sus pacientes.

Se han realizado investigaciones en donde se ha comprobado que al practicar una intervención cesárea los medicamentos provocan que al llegar el bebé a la Tierra, ya trae drogas en su sistema que perjudican el contacto visual entre la mamá y el bebé, que es determinante para estrechar sus lazos de unión. Experimentar el parto sin drogas te dará una sensación de victoria y poder, como nunca pensaste que podría existir y te dará la fortaleza que cambiará la forma en que has percibido hasta ahora, los desafíos de tu vida.

—De todos modos, prefiero no arriesgarme —dijo Carla—. Armando mi esposo, está buscando la suite en donde voy a estar, le dije que debe tener jacuzzi, estética y cocina internacional, por lo menos. Es lo menos que puedo pedir.

—Tienes razón —contestaron riendo con cierta ironía
Ivonne y Graciela—, no necesitas nada más.

Cuando Cecilia tenía más de siete meses de embarazo, fue a su revisión mensual y le entregó a su médico una hoja de papel que decía "Plan para el parto". Su médico se sorprendió cuando le dijo:

—Doctor, le pido por favor que lea mi "Plan para el parto",
porque ahí anoté todo lo que quiero y no quiero durante el
proceso.

Entre otras cosas, Cecilia pedía que no le afeitaran el pubis,
que no le aplicaran lavado intestinal, que le permitieran estar
en su habitación hasta que ella sintiera que era el momento de
la expulsión, que no la separaran de su bebé en ningún momento y que por ningún motivo lo alimentaran con biberón. El
médico la recibió y dibujó una sonrisa un tanto irónica, en sus
labios. Cuando me lo platicó, le pregunté:

—Y, ¿hará todo lo que le pediste?

—Pues a lo mejor no, pero al menos ya sabe lo que quiero y
lo que no. Además, le pedí que me firmara la copia y se quedara
con el original, así quedará el testimonio.

Muchas de las cosas que Cecilia solicitaba al doctor, están
plasmadas en las recomendaciones generales de la Organización Mundial de la Salud, sobre los derechos de la mujer embarazada y el bebé, que se publican en este libro.

Algunas de las preguntas que podrían ayudar a que te sientas más tranquila y sepas a lo que te enfrentarás en la clínica u
hospital, son:

Preparación para el parto

1. ¿Hay restricciones para el padre en cuanto a la asistencia que
    puede ofrecer durante el parto, tales como masaje, sentarse
    en la cama, etcétera?

2. ¿Se requiere aplicar un enema (lavado intestinal) o puedo administrármelo yo misma en casa si no ha habido una limpieza de colon de forma natural?

3. ¿Se requiere que el vello púbico sea afeitado?

4. ¿Se pueden traer artículos personales a la clínica, tales como cojines, música, libros, cámara, mis propios camisones, etcétera?

Al comienzo del parto, para el médico y el hospital

1. ¿Puedo caminar y cambiar de posición si no hay complicaciones? ¿En qué momento me colocan en la cama?

2. ¿Puedo escoger las posiciones que más me acomoden? ¿Puedo colocarme en cuclillas en el piso?

3. ¿Qué es lo que indica que el parto debe ser inducido?

4. ¿Rompen rutinariamente la fuente al comienzo del parto?

5. ¿Existen sugerencias médicas alternativas o aceptadas si el parto es lento?

Nacimiento del niño

1. ¿El equipo médico aceptará mis deseos para dar a luz en la posición que yo escoja y podré contar con su ayuda?

2. ¿Se realiza una episiotomía por rutina? ¿En qué momento, al principio o al final?

3. ¿En qué situaciones se utilizan los fórceps u otro tipo de extracción?

4. ¿Se motiva a la mamá a que toque a su bebé cuando está coronando?

5. ¿Puede el papá ayudar en el parto, a sacar al bebé o a cortar el cordón?

6. ¿Se baja la intensidad de la luz durante el parto o después? ¿Hay silencio en el área?

Después del nacimiento

1. ¿Se permite que el cordón umbilical deje de latir antes de cortarlo?
2. ¿Se coloca al bebé en el abdomen de su madre al momento de nacer?
3. ¿Se anima a la mamá a masajear y sostener a su hijo?
4. ¿Se administra rutinariamente un medicamento para ayudar a expulsar la placenta?
5. ¿Se le permiten a la familia algunas horas para estar solos sin interrupciones? ¿Pueden posponerse los procedimientos no esenciales durante esta unión?

Madre e hijo

1. ¿Se promueve la circuncisión en la clínica?
2. ¿El personal médico anima a la lactancia materna?
3. ¿Puede mi bebé permanecer conmigo todo el tiempo (las 24 horas)?
4. ¿El primer alimento del bebé es de mi pecho o la enfermera le da agua glucosada? ¿Se alimenta al bebé por rutina durante la noche? ¿Me llevarán a mi bebé durante la noche o sólo si lo pido?
5. ¿Me proporcionarán ayuda para que alimente a mi hijo a libre demanda durante los primeros días?
6. ¿Qué medicamentos o inyecciones se administran por rutina al bebé después del nacimiento? ¿Cuáles se requieren?
7. ¿Algún pediatra realiza un examen físico completo antes de que el bebé deje la clínica? ¿Quién hace la cita, los padres o la clínica?

Suministros para la mamá y el bebé

Marcados con C = para llevar a la clínica u hospital.
Marcados con H = para tener disponibles en el hogar.

Ropa (C, H)

- 2 tops o camisetas para el parto (1 caliente de manga larga, 1 de manga corta).
- 2-3 camisones o pijamas que se abran por el frente para la lactancia.
- 1 bata o abrigo de casa para las caminatas y para después del parto.
- 1 par de pantuflas.
- 2-3 *brassieres* para lactancia, preferentemente de algodón.
- Toallas sanitarias para los primeros días (la mayoría de las clínicas las proporcionan).
- Ropa interior, una para cada día.
- Dos pares de calcetines de lana para pies fríos durante el parto.

Suministros (C, H)

- Cepillo y pasta de dientes.
- Cepillo para el cabello, peine, pinzas para el cabello, ligas para el cabello largo, etcétera.
- Loción para el rostro y las manos.
- Crema de labios para mantenerlos humectados.
- Aceite de almendras o talco para masaje.
- Un espejo para ver al bebé cuando está naciendo (si no hay disponible en la clínica).
- Cuaderno de notas para describir el nacimiento, las experiencias del primer día y la hora de su primera respiración. Es una buena idea continuar después este libro a través de la vida del bebé: historia médica, incidentes, medicamentos, experiencia en viajes y desarrollo personal.

Mini día de campo del parto (C, H)

- Averigua si la clínica proporciona botanas durante el parto para ti y tu esposo.

- La miel o dulces sanos para energía rápida (paletas de miel con limón).
- Jugos de frutas o bocadillos para el principio de la labor.
- Emparedados o bocadillos para el esposo y la persona que asiste.
- Un paquete de yogui té preparado o en bolsitas es de gran ayuda para todos los presentes y podrán recuperarse más rápido, después del parto. Si vas a dar a luz en tu hogar, prepara algo especial para la partera y el médico como bocadillos. Tal vez pan, queso y algo para untar.
- Jugo de frutas fresco para después del parto.
- Hojas de frambuesa para té o en cápsulas de polvo finamente molido.

Apoyos adicionales para el nacimiento (C, H)

- Medicinas homeopáticas, vitaminas o suplementos necesarios.
- Aceites de aromaterapia.
- Aceites para masaje o crema.
- El libro del nacimiento del bebé.
- Pelotas de tenis, bolsas de hielo u otras ayudas para el masaje.
- Cámara con rollo y tu música favorita.
- Toallitas pequeñas para compresas calientes sobre el pubis.

Documentos importantes (C)

- Papeles de registro del hospital.
- Póliza de seguro de gastos médicos y toda la información relativa.
- Teléfono celular con cargador.
- Monedas o tarjeta prepagada para teléfono público y periódico.
- Tarjetas de aviso de nacimiento y sobres (con direcciones y estampillas).

Suplementos para después del nacimiento (C, H)

No es necesario llevar los siguientes artículos contigo antes del nacimiento pero deberás tenerlos empacados juntos, para que cuentes con ellos:

- Mamelucos o pijamas.
- 1 camiseta de algodón para el bebé. Si hace frío, 1 camiseta de lana o seda.
- 3 pañales para recién nacido.
- Calzoncitos a prueba de agua.
- 2 sabanitas de algodón y franela para recibirlo.
- 1 edredón para bebé o sábana de lana, piel de borrego lavable (opcional).
- Durante el invierno: bolsas de agua caliente.
- Sombrero o bonete.
- Camita para el coche para ser utilizada en el camino a casa.

Para la mamá después del parto (C, H)

Algo bonito y cómodo para usar cuando regreses a casa. Deberá ser algo que utilizó entre los cuatro y cinco meses de embarazo.

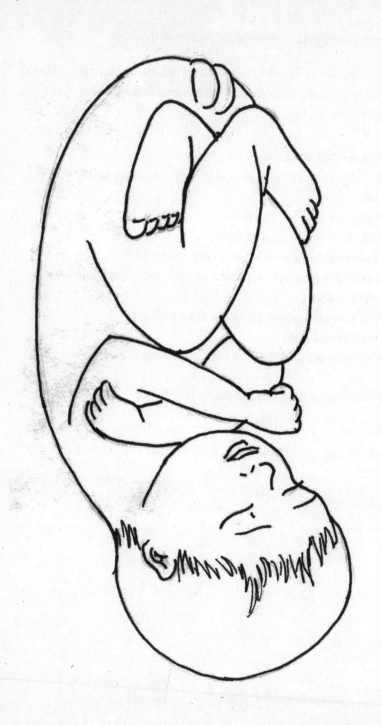

Capítulo 11

En cuclillas

Era el fin de semana y como era costumbre, las reuniones sociales no podían faltar para Carla. Armando constantemente sugería que no era necesario que asistieran a todas.

—¿Qué dirán nuestras amistades?, prefieres dejarme en casa e irte sin mí —le reclamaba.

—Por supuesto que no, lo que más me interesa es tu bienestar y el del bebé —le decía tratando de calmarla.

—Pues me aburro si no salgo.

—Bueno, mi amor, yo trataba de que pudieras estar más descansada, sin tanta presión social —decía Armando para dar por terminada la discusión.

Esa noche, como muchas otras, Carla bailaba, comía y bebía como si nada interfiriera en su vida. Para no quedarse atrás, hasta llegó a fumarse un cigarrillo con sus amigas, por supuesto, lejos de la vista de Armando y sin hacer caso de la recomendación de sus amigas que le decían que no lo hiciera, porque afectaría al bebé.

En medio de la reunión, súbitamente sintió un dolor muy agudo en el bajo vientre, se puso las manos encima y se dobló casi a punto de caer. Rápidamente, sus amigas llamaron a Armando que sin perder tiempo, la llevó al hospital y llamó a su médico, quien le dijo que iría de inmediato. Cuando el doctor Garza salió después de revisarla, le dijo:

—Comienza con el trabajo de parto, pero no te preocupes, ya estamos preparando todo para hacer la cesárea —lo tranquilizó—, hasta me pidió que le haga una incisión muy pequeña, para que pueda usar su bikini sin que se le note.

—Está bien doctor, estaré pendiente, —dijo desconsolado pues tenía la esperanza de que en el último momento Carla accediera a intentar un parto normal.

Desde el principio de los tiempos, la mujer ha dado vida a sus hijos en cuclillas, ya que en esta postura se elimina la presión en los discos de la columna y puede ayudar a calmar el dolor de espalda y a mejorar el sistema de eliminación del cuerpo. Las mujeres que viven en un medio ambiente natural, pueden estar en cuclillas durante horas. Cocinan, cosen, cuidan a sus hijos y lavan la ropa en esta posición.

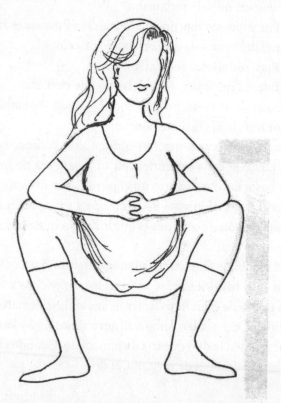

Al principio puede ser difícil dominarla, sobre todo si no la has practicado desde el comienzo del embarazo, pero es muy importante que lo intentes, con objeto de que poco a poco tus músculos se relajen y puedan tener más elasticidad.

Dentro de la práctica del Kundalini Yoga, a la postura de cuclillas se le conoce como postura de cuervo y tiene muchas ventajas:

- Le proporciona al bebé el oxígeno necesario durante el proceso del nacimiento, mejora la circulación y relaja y estira el área del perineo para disminuir el riesgo de desgarrarse.
- Durante el trabajo de parto, la postura de cuervo produce el mínimo esfuerzo de tensión en los músculos, fortaleciéndolos, ejerce la mínima presión en la pelvis y crea un ángulo perfecto para que el bebé pueda descender. Permite que la gravedad trabaje para ti y no en tu contra.
- No habrá presión en la vena cava y en la aorta, que es el sistema de suministro de sangre más importante que corre por el centro de tu cuerpo.
- Moviliza totalmente la región pélvica, haciendo que se abra aproximadamente un 25 por ciento más, que representa 1.5 centímetros más que estando sentada o acostada, y proporciona al bebé más espacio para nacer.
- Esta postura promueve mejor la circulación sanguínea del bebé porque el útero no está presionando tus arterias, los riñones o las vértebras.

Es importante que tomes nota de que si el cuello de la matriz está suave o se abre antes del término, *no* practiques la postura de cuervo.

Durante el parto se puede practicar la postura de cuervo sólo si la cabeza del bebé está encajada. De lo contrario, la posición crea un ángulo agudo que inhibe el descenso de la cabecita del bebé.

Ivonne y Sergio dormían plácidamente, después de haber practicado su yoga y cantarle a su bebé, como todas las noches. Eran aproximadamente las 2:30 de la mañana, cuando Ivonne se despertó sobresaltada.

—Sergio, no siento que el bebé se mueva —dijo alarmada.

—Debe estar dormidito —le dijo.

—No mi amor, me siento extraña, le aclaró, mi intuición me dice que algo sucede.

Voy a llamar al doctor Garza.

El doctor Garza le dijo que no se preocupara, que tal vez el parto se acercaba y que estaría en su casa en un rato más. El doctor llegó acompañado de su ayudante Magda, una partera profesional con la que trabajaba desde hacía varios años. Ivonne comenzaba con las contracciones, la revisaron y se percataron que el bebé estaba bien, pero con el cordón umbilical enredado en el cuello.

Magda entró en acción. Comenzó a manipular a Ivonne de un lado a otro, le dio masaje, la acomodó en diferentes posiciones, mientras ella hacía respiraciones yóguicas. Ivonne no perdió la calma en ningún momento, sentía la confianza de que Dios estaba con ellos y de saber que se encontraba en buenas manos. Comenzaba el trabajo de parto.

Mientras tanto, Sergio se encargaba del resto de la organización. Llamó a algunas amistades con las que previamente había platicado, para que se prepararan y se acomodaran a cantar en la habitación contigua a donde sucedía el nacimiento de su hijo. La recámara, ahora sala de partos, ya tenía las cortinas y las luces azul claro, para no lastimar los delicados ojitos de su bebé. Sergio comenzó a encender algunas velas y a perfumar con esencia de lavanda para ayudar a la relajación de Ivonne. También preparó el baño, para el momento en que deseara bañarse.

El doctor Garza se sorprendió de que Ivonne se despertara por no sentir el movimiento de su hijo en el vientre.

—Pocas mujeres lo notan —comentó—, no cabe duda que la conexión entre ustedes es muy profunda.

—Sentí que la falta de movimiento no era porque estuviera dormido, era diferente. Algo dentro de mí, me decía que tenía que hacer algo.

Mientras pasaban las horas, Ivonne con la ayuda de Sergio, comenzó a practicar yoga y a meditar. Se dio un baño tibio y comenzó a caminar por la casa. Fue hacia donde se encontraban sus amigos cantando y les agradeció que estuvieran ahí, incluso cantó un rato con ellos.

Las contracciones comenzaban a acelerarse, mucho más rápido de lo que pudiera imaginar. El nacimiento se acercaba cada vez más. Sergio medía el tiempo que duraba cada contracción y el que transcurría entre una y otra.

—Le están dando tres contracciones cada diez minutos —dijo Sergio.

—Vamos bien, dijo el doctor Garza.

Sergio y Magda sostenían a Ivonne mientras se colocaba en postura de cuervo, fluía con el dolor y su respiración era rítmica y profunda. Al otro lado de la habitación, los cantos de alabanza a Dios se escuchaban más inspiradores que nunca, creando una atmósfera de paz y armonía.

Ivonne se mantuvo en esa posición hasta que sintió que casi podía tocar la cabecita de su bebé con sus manos.

—Se siente muy caliente —dijo Ivonne.

—Sí —dijo el doctor Garza—, la salida del bebé debe ser lenta y gradual. Detén todo esfuerzo, relaja la tensión, ábrete y comienza la respiración jadeante, soplando como si apagaras una vela.

Ivonne obedecía las instrucciones, pero en cuanto sintió la siguiente contracción, la sostuvieron firmemente, mientras pujaba con todo el peso de su fuerza, para expulsar al bebé.

Un pujido más —gritaron Magda y el doctor Garza—, ya casi la tenemos.

—Ánimo, mi amor —dijo Sergio—, lo has hecho muy bien.

Efectivamente, un pujido más e Ivonne escuchó el llanto de su amada hijita. Mientras Magda la arropaba para dársela, ayudaron a Ivonne a recostarse sobre su cama para poderla abrazar. Ivonne estaba muy conmovida, las lágrimas corrían por sus mejillas.

—Bienamado Señor, gracias por esta hija que me has dado y que pongo a tus pies para que reciba tu bendición —oró Ivonne con su hija en los brazos—. Bienvenida, pequeña, que la luz que trae tu nacimiento bendiga nuestro hogar, le dijo besándola amorosamente.

—Gracias Dios, porque nos has permitido disfrutar de tu milagro —oró Sergio—, bendito seas.

Ivonne comenzó a cantarle a su bebé entonándose con la melodía que escuchaba. La pequeña dejó de llorar al escuchar a su madre cantándole y lograron hacer contacto visual durante el tiempo que duró el canto. Se podría decir que la pequeña reconocía la voz de su madre y le transmitía un sentimiento de paz, confianza, seguridad y amor.

Cuando sientas deseos de pujar, debes saber qué tanto está dilatado el cuello de la matriz (te lo dirá el médico). Éste es un momento importante, ya que si el bebé se demora más de lo debido en pasar por el canal, podrá tener problemas posteriores (no soportará el agua en la cara, ni querrá bañarse. También puede causar asma, miedo o deseos de morir en la vida adulta). Algunas veces, la causa del miedo en el adulto es la falta de oxígeno al nacer. Tu mente debe estar enfocada en la respiración.

Para mantener el sistema muscular relajado, coloca tus manos en gian mudra (tocando la punta de los dedos índice y pulgar de cada mano). Verifica que tu mandíbula y la entrepierna estén relajadas.

Durante el trabajo de parto, no pierdas la conexión con tu bebé. Tu intuición te dirá cuál es la mejor posición para ti, lo sentirás en tu cuerpo, en tu mente y en tu alma. Escucha esa vocecita que te llama y obedécela, hará que el parto sea más rápido y cómodo para ti.

Signos de que el parto se acerca

Puedes tener una descarga vaginal de mucosa color rosado y/o problemas gastrointestinales. No hay movimiento fetal. Puede dar diarrea, por lo que deberás cuidar tu alimentación. Es conveniente no comer mucho cuando se acerca el parto, que *Necesitas recordar que debes exhalar durante las contracciones, para mantener tu cuerpo más relajado, así como el flujo de oxígeno hacia el niño.* los alimentos sean muy digeribles y tomar frutas y verduras. Durante las últimas dos o tres semanas antes del nacimiento, evita hacer comidas pesadas. Es preferible que hagas cuatro o cinco comidas ligeras durante el día y evites la carne, ya que su digestión tarda de 48 a 72 horas. En algunos hospitales acostumbran hacer un lavado intestinal (enema) antes de entrar a la sala de expulsión, pero si has comido en exceso, puedes sentirte muy molesta y corres el riesgo de que al momento de pujar con todas tus fuerzas, expulses materia fecal, lo que te pondrá en una situación incómoda.

Las contracciones rítmicas y muy seguidas son otro signo, así como la ruptura de la fuente, que es como un chorro de agua o escurrimiento. Puedes tener todos estos signos o sólo alguno de ellos.

Las contracciones son importantes para la estimulación de la piel del bebé y para activar su reflejo de mamar. Los sistemas gastrointestinal, gastrourinario, respiratorio y los nervios sensoriales en su piel, reciben una estimulación importante con este masaje uterino. Esta estimulación es indispensable para el desarrollo del bebé.

Se retiene la respiración por instinto, ante una situación de estrés. Tu estado mental, ya sea de dolor, placer, bendición o estrés, se imprime en la mente subconsciente del bebé y puede pasar a las siguientes generaciones, debido a que el nacimiento es una de las experiencias más intensas en nuestra vida. Claro que durante el nacimiento podemos experimentar dolor intenso, negatividad mental o depresión. Lo importante es cómo manejar estos patrones negativos y tratar de mantener un estado de total relajación.

> *No reacciones a tu parto. Fluye con él. Acéptalo. Aprovecha estos momentos para comunicarte con tu bebé. Dile que pronto van a salir de este trance y que todo estará bien*

Tip de los sabios

Presionando tus pezones estimularás la oxitocina, que es la hormona que dosifica naturalmente la inducción al parto.

Posturas para dar a luz

Mientras estás en labor, midiendo el tiempo de las contracciones, lo ideal es que camines todo lo que puedas. Trata de no mantenerte acostada, ya que es la posición en la que más se siente el dolor. Pídele a tu pareja o a tu asistente que te sostengan mientras caminas, sobre todo si ya te han canalizado el suero glucosado, para que puedan rodar el tripié que lo sostiene.

Tu intuición y el lenguaje de tu cuerpo te dirán cuál es la mejor postura para darle vida a tu hijo. No existe una postura que sirva igual para todas las mujeres y todas las posturas sirven para cualquier mujer. Es importante que cambies de postura constantemente hasta que encuentres la que te haga sentir más cómoda. Trata de visualizar tu pelvis de manera que puedas "ver" si el ángulo no está obstaculizando el descenso del bebé.

¿Qué sientes durante la labor de parto?

Las contracciones son fuertes y pueden durar de uno a dos minutos, con espacios de quince a 60 segundos entre una y otra. El punto máximo de la contracción puede durar hasta 45 segundos. Éstas son las contracciones más fuertes que tendrás.

Es posible que sientas:

- Signos físicos: "pinchazos" en los dedos, calambres en las piernas, temblorina, gas intestinal, eructos, sensación de calor alternada con escalofríos.
- Cambios emocionales: confusión, pánico, comportamiento introvertido extremo, concentración profunda, irritabilidad temperamental, desánimo, cansancio.

Para tomar el tiempo de las contracciones

Consigue un reloj con segundero, preferentemente digital o *timer*. Toma el tiempo cuando empieza la contracción. Una vez que termina, toma el tiempo que transcurre desde que terminó hasta que comience la siguiente contracción. Continúa así varias veces, para saber si los compases de espera son regulares y las contracciones constantes.

Acupresura

Si te sientes muy tensa en esta primera etapa, puedes pedir que te den
un masaje suave en los pies con un
poco de aceite de almendras, presionando principalmente la planta.
Para combatir los calambres en cualquier parte de las piernas, presiona
con firmeza el zurco que se encuentra entre el dedo gordo del pie y el
que sigue (a la altura del empeine).

Durante el trabajo de parto, observa que:

1. Tu respiración sea rítmica abdo-
   minal, relajada.
2. Con el incremento de la intensidad
   y fuerza de las contracciones, necesitas hacer uso de todo lo
   que has aprendido para el control y relajación de tu fuerza
   física, mental y emocional.
3. Elige una posición con la que tu espalda esté curva y los muslos un poco doblados hacia adelante, con las piernas relajadas, abiertas, para prevenir tensiones.
4. Camina tanto como puedas, pero descansa cada hora. Si te
   sientas o te acuestas por un momento, mueve los tobillos
   hacia adelante y hacia atrás, o en círculos, para una mejor
   circulación.
5. Aprende a vivir y a relajarte con la contracción. Estudia
   cada una, observa cómo empieza, cómo se siente, en dónde

sientes la tensión y pregúntate qué puedes hacer para resolverla.

6. Utiliza un punto de referencia para que concentres ahí tus ojos durante la contracción, o mantén contacto ocular con la persona que te ayuda (esposo, mamá, hermana, etcétera). Puedes mantener los ojos cerrados, si te sientes mejor.

7. No ingieras más comida sólida, sólo líquidos.

8. Debes ir al baño para vaciar la vejiga.

9. Si tus pies están fríos, usa calcetines calientitos.

10. Te puedes bañar otra vez si así lo deseas.

11. Un trapo calientito en el piso pélvico, ayuda a estirarse mejor, y se siente: ¡increíble!

12. Debes relajar el piso pélvico cuando sientas presión en el recto.

Estrategias para corregir posiciones
Antes del parto

La mejor defensa contra una posición incorrecta es un buen "ataque"; un gramo de prevención vale más que un kilo de curas. Es mucho más fácil girar al bebé antes de que se encaje en la pelvis que una vez encajado o con el bebé a término. Es importante prestar atención a la posición durante las últimas semanas del embarazo, no sólo al comienzo del parto. Una de las causas de mala posición es que la pelvis, el pubis o la zona sacroilíaca estén desalineados, ya que puede retorcer los tejidos blandos y, a su vez, provocar torsión en el útero. Si esto ocurre y el útero está torcido, ligeramente fuera de su forma normal, el bebé no tiene más opción que asumir otra posición para colocarse cómodamente, lo que lo puede llevar a tener problemas para descender aunque esté en buena posición. Restablecer la alineación de la zona, ayuda al útero a recuperar su forma adecuada, permitiendo el giro del bebé.

Mala posición

Se atribuyen muchas malas posiciones a una mala postura materna, debido a nuestras conveniencias modernas como sillas cómodas, añadiendo una reducción en el ejercicio. Las siguientes posiciones reducen el espacio en la parte anterior de la pelvis (predisponiendo al bebé a adoptar una posición inadecuada), por lo que se recomienda evitar:

- Sentarse con las caderas más bajas que las rodillas.
- Estirarse con los pies elevados.
- Encorvar la espalda en una silla.
- Asientos hundidos en los coches.
- Sentarse con las piernas cruzadas.
- Evitar agacharse, a menos que se haga con las rodillas flexionadas.

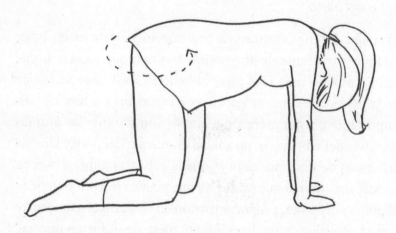

Se recomienda tener el abdomen más bajo que la columna como en la posición de gato–vaca, apoyándote sobre las manos y las rodillas. Esto distiende el abdomen y ayuda a aumentar el ángulo entre la columna de la madre y el canal de la pelvis, estimulando al bebé a moverse y a encajarse en la posición correcta.

Para ayudar a que el bebé gire su parte más pesada hacia el suelo (con la gravedad) y que así tome la posición deseada, *se recomienda:*

- Nadar (de *crawl*, sobre el vientre).
- Balanceo de la pelvis en postura de gato–vaca (varias veces al día).
- Sentarse en una pelota grande de partos.
- Arrodillarse e inclinarse hacia adelante utilizando una silla para ver la tele.
- Posición de mariposa (sentarse con la espalda recta y las plantas de los pies juntas).
- Dormir o estirarse sobre el lado derecho.
- Todas las tareas que se puedan realizar en postura de gato-vaca, durante una a dos semanas antes del parto (de diez a quince minutos mínimo en dos sesiones al día).

Como madre puedes comunicarte con tu bebé en el útero y puedes enviarle el mensaje de que se coloque en la posición correcta para nacer: la columna del bebé a lo largo del costado izquierdo de la madre, la nuca del bebé hacia el lado izquierdo del vientre de la madre, los ojos del bebé mirando hacia la columna de la madre o un poco hacia la cadera derecha, el mentón doblado hacia abajo, las manos y los pies acurrucados contra el cuerpo. Figura A.

Figura A
Hijito: esta es la postura que debes tener para tu nacimiento.

Se recomienda que visualices a tu hijo repetidamente durante el día y que le digas que se coloque en esta posición. También puedes sacar varias copias de la ilustración y colocarlas por toda tu casa para que lo veas con frecuencia y constantemente le envíes el mensaje.

Durante el parto

Hay muchas cosas que se pueden hacer para ayudar a un bebé a modificar su posición justo antes o incluso después del inicio del parto. Esto implica el principio de las parteras: "Si no puedes mover al bebé, mueve a la madre." En otras palabras, si la posición del bebé es inadecuada y no se mueve fácilmente, intenta ayudar a que se libere y se alinee en la pelvis en forma favorable cambiando tu postura. Sin embargo, para que esto tenga lugar es importante que la fuente no se haya roto.

Evitar romper la fuente

Es crucial que la rotura artificial de la fuente (o membranas) no se practique cuando hay posibilidad de mal posición. El líquido amniótico suele amortiguar al bebé como un cojín, protegiéndolo de sufrimiento debido a un mal encajamiento o mala posición. Si se retira este cojín, el bebé puede experimentar un sufrimiento importante, ya que las contracciones lo fuerzan contra la pelvis a pesar de la postura inadecuada. Este estrés puede provocar que el bebé expulse materia fecal prematuramente (meconio), que a veces puede causar problemas. Además, aumenta el dolor de parto porque el efecto amortiguador del agua, ha sido eliminado.

Si no puedes mover al bebé, mueve a la madre.

Técnicas para girar al bebé

No sólo es importante mantener intacta la fuente, en la medida de lo posible, sino que la madre no esté sobre su espalda cuando se sospecha mala posición, aunque actualmente es la postura más cómoda (para el médico) y más común. Deberás crear más espacio en la pelvis para que el bebé gire y las posturas tradicionales estirada o semisentada fuerzan el cóxis hacia dentro y constriñen el espacio disponible. Se puede hacer más espacio en la pelvis de la siguiente forma:

- Alterando el nivel de la cadera de la mamá, contoneándose o bailando, moviendo la cadera en círculo.
- Balancearse de lado a lado.
- Arrodillarse sobre una rodilla, levantando el pie contrario (necesitarás ayuda).
- "Paso militar" exagerado.
- Marchando subiendo y bajando escaleras (levantando las rodillas con exageración, pero lentamente).
- Subir y bajar lentamente escaleras de lado.
- Cambios de lado bruscos, una y otra vez.
- "Apretón de las caderas" (un ayudante aprieta a la vez ambos lados de la parte superior de la pelvis por detrás).
- Posiciones asimétricas para el parto (subir un costado, con una pierna doblada y levantada. Figura B).

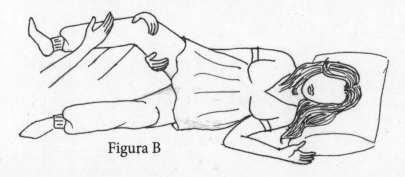

Figura B

• Subir y bajar de un taburete (como los que se utilizan en los hospitales para subir a la cama).

Si el bebé no se gira fácilmente tras el uso de estas técnicas, probablemente esté bien encajado en la pelvis y pasando un mal rato para girar. En esta situación, la posición de rodillas al pecho podría ayudar. La madre se coloca en la postura de gato–vaca (apoyándose sobre las manos y las rodillas) y pone los hombros y la cabeza en el suelo. Es importante que las piernas no estén bajo el vientre en ese momento. Figura C.

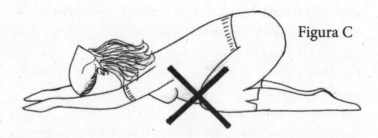

Figura C

Una posición "cerrada" de gato–vaca, significa que la cadera y las rodillas están flexionadas de tal modo que los muslos quedan parcialmente bajo el abdomen, lo que deja menos espacio al bebé para moverse fuera de la pelvis, e interfiere con el efecto de la gravedad. En la posición "abierta", las piernas no están bajo el abdomen y la cadera está flexionada en un ángulo mayor de 90 grados. Figura D.

Figura D

Ésta es una diferencia crítica, ya que inclina la pelvis hacia adelante lo suficiente como para que la gravedad ayude al bebé a desencajarse de la pelvis, permitiendo que se reposicione antes de volver a encajarse.

Otra técnica conocida como "postura de puente" para ayudar a corregir la mala posición, se realiza cuando la madre entrelaza los dedos de las manos bajo su abdomen y lo levanta arriba y abajo mientras separa y dobla las rodillas para balancear la pelvis. Figura E.

Figura E

Este movimiento cambia el ángulo del bebé en relación con la pelvis de la madre, y a menudo facilita que el bebé descienda o que salga de la pelvis mejorando su posición. Se recomienda que el papá o la asistente te ayuden a sostener tu cadera.

Recomendación

Todo lo anterior es información para que, como madre, sepas cuántas opciones tienes para lograr que tu parto sea natural, pero debes tomar en cuenta la opinión de tu médico. De tal forma, es determinante que deposites total y absoluta confianza en la ética y el profesionalismo de quien te ayudará en el nacimiento de tu hijo y que en el momento que exista la mínima desconfianza, se lo hagas saber para que despeje tus dudas, de modo que estés totalmente satisfecha, de lo contrario, lo recomendable es cambiar de médico.

La danza del gozo

Los antiguos yoguis decían que el bebé realiza las 108 posturas de yoga dentro del vientre de su madre. Esos estiramientos, giros y movimientos son los que nos sostienen el cuerpo para una vida larga, saludable y flexible. Por lo tanto, tú puedes hacer lo que el bebé hace en tu vientre. Muévete y danza, pero lentamente, recuerda que el bebé está en un ambiente con agua y debes darle tiempo para que se pueda mover, así es que danza como si estuvieras filmada en cámara lenta. Escucha la música que te permita mover tu cuerpo con un ritmo suave, cadencioso y alegre, que te permita liberar la tensión del cuerpo y te traiga alegría sin que te contorsiones al grado de que te sientas mareada. Mide tus movimientos para que sirvan de conexión con tu bebé, sube tus brazos y mueve tus hombros de arriba abajo y trata de continuar al menos por once minutos cada día.

Después baja un poco más el ritmo, coloca las manos sobre tu vientre, cierra tus ojos y al ritmo de una música suave gira tu cadera en círculos grandes, como la danza del vientre (*belly dance*) que originalmente se utilizó para el trabajo de parto y no como una danza sensual. Mover la cadera de esta manera permite que el bebé cambie de posición y es de gran apoyo durante el trabajo de parto, ya que le ayuda a encajarse en la pelvis, pero puedes practicarla durante todo el embarazo. Pon la música y disfrútala.

Trasciende el dolor, el miedo y enfrenta el parto con confianza

Pareciera una moda que las jóvenes de hoy no dilatan en el momento del parto. Los labios vaginales están relacionados con la boca y los labios, por lo tanto si existe un tu vida una situación que no has resuelto, que no la has platicado con tu pareja, que te molesta o te inquieta y no la has solucionado, puede contribuir a que tengas problemas para la dilatación.

Si no puedes ver a Dios en todo, entonces no lo puedes ver en nada.

Yogi Bhajan

Lucía llevaba en labor de parto más de diez horas con mínima apertura del cuello. No había complicaciones con ella ni con su hijo. Su partera le preguntó: "Si pudieras arreglar cualquier cosa en tu vida, ¿qué te gustaría?" Lucía contestó: "Anhelo el compromiso del matrimonio. Hemos hablado mucho acerca de esto, sin tomar una decisión." La partera le sugirió que hablara con Mario, su pareja. Después de que hablaron él amorosamente le preguntó: "¿Te casarías conmigo?" Casi inmediatamente ella dilató tres centímetros.

El dolor

Cuando no sabemos manejar el dolor, preferimos salir corriendo, porque lo hemos asociado con algo malo que lastima al cuerpo. Incluso en los comerciales de algunos analgésicos, prometen el alivio inmediato. Eso nos ha programado para pensar que no tenemos necesidad de tolerar ningún dolor por mínimo que sea y ha hecho que el umbral del dolor, sea muy bajo.

Al dolor de parto, debiéramos llamarle sensaciones, pues es la reacción a los cambios que está sintiendo el cuerpo, al prepararse para permitir la salida del bebé. El doctor Dharma Singh Khalsa, en su libro *Curar el dolor*, afirma que los cólicos de los bebés, la migraña y las quemaduras graves, producen dolores más intensos que el dolor del parto. El dolor es una manifestación del cuerpo para indicar que algo está sucediendo dentro, pero si estás condicionada a que el dolor es algo que se debe evitar, entonces se transformará en miedo, dudas y afectará tu habilidad para manejar el trabajo de parto, o tu propia vida.

La mujer embarazada es la única paciente que se interna en un hospital porque está sana, de lo contrario, no podría estar embarazada.

El miedo es parte del proceso de dar vida a un hijo. Si es el primero, no sabes a lo que te vas a enfrentar y si es el segundo o tercero, entonces como ya lo sabes, el miedo puede ser peor. Será más fácil la experiencia si sabes cómo enfrentarla. Olvida todo lo que te conecta con el exterior y sólo trata de concentrarte en el final feliz, donde comprenderás que cada contracción te acerca a tener a tu hijo en los brazos.

En este momento, los *tres minutos*, habrán marcado la diferencia ya que tu estado de relajación será determinante para lograr la conexión con tu bebé y tu intuición te dirá qué hacer, cómo hacerlo y en qué momento.

El punto del tercer ojo (el entrecejo) al que nos referimos en el yoga corresponde a la glándula pituitaria, la que secreta oxitocina y es la hormona que hace que el útero se contraiga. El cerebro regula el trabajo de parto en función de los mensajes emocionales que recibe. El miedo y la ansiedad pueden inhibir el flujo de oxitocina y hacer que el parto se torne más difícil, e incluso que se detenga. Apóyate con aromaterapia al inhalar unas gotas de melisa o lavanda en un pañuelo o en un difusor de aromas, para ayudar a relajar la tensión. También puedes pedir a tu asistente que te coloque en el pubis una toallita mojada con agua caliente y bien exprimida. Se siente deliciosa y calma la tensión. Si logras mantener la concentración en el punto del tercer ojo, tendrás toda la información que necesitas.

Por otro lado, el miedo provoca que secretes adrenalina que tensa el cuello de la matriz, mientras el útero continúa empujando la cabecita del bebé con cada contracción. Esto puede ser muy doloroso, ya que dos poderosos músculos jalan en diferente dirección.

El médico recibe al bebé, pero tú le das la vida para que llegue a este mundo. Comprende quién es la que hace el trabajo y quién el que ayuda. Durante las clases hacemos la práctica del surf, navegando sobre una tabla. Las gigantes olas simbolizan el dolor. ¿Has visto cómo los surfistas flexionan las rodillas para sortear las olas? Mueven su cuerpo en diferentes direcciones para mantener la tabla que los sostiene. Doblan su cuerpo hacia delante, hacia atrás, estirando una rodilla y doblando la otra, luego cambian la posición. Así *surfeamos* el dolor, sin resistencia, solo flexionando las rodillas, manteniéndote en medio de la tabla y tomando una ola a la vez, sin mirar hacia atrás, ni hacia adelante. Mantén tu respiración fluida, ríndete en cada contracción, ríndete al Creador, que te dio la vida y se la da a tu hijo. Cambia tu miedo por devoción.

Tip de los sabios

Si es posible, pide que las luces no estén tan intensas, para evitar lastimar los ojitos de tu bebé (en casa sería más fácil). Los yoguis recomiendan colocar cortinas de color azul claro para cubrir las ventanas y luces azules durante los primeros días después del parto.

Dios, el Creador, el Hacedor, la Energía Universal, el Ser Infinito, se encargará de todo, sólo dile: "Oh Dios, estoy en tus manos, lo que tenga que ser, que sea." Confía.

—Felicidades Armando, acabas de tener un lindo varoncito —dijo el doctor Garza—, está fuerte y sano, lleno de vida.

—Gracias a Dios —suspiró Armando—, ¿cómo está Carla? ¿puedo pasar a verla?

—Está dormida —se justificó el doctor—, cerrando sus ojos. Me pidió que la mantuviera sedada para no sentir dolor y que pudiera descansar.

Armando se sintió desalentado.

—Pero puedo ver a mi hijo, ¿verdad?

—Por supuesto, vamos, te acompaño.

Cómo disminuir el trauma del nacimiento

En cuanto nazca tu bebé, pide que lo coloquen sobre tu pecho para que pueda escuchar el latido de tu corazón. Mientas lo sostienes, podrás sentir cómo se tensa su cuerpecito. Suavemente, puedes estirar uno de sus brazos y luego el otro para experimentar el espacio alrededor del cuerpo. *Se sentirá reconfortado y seguro al escuchar tu voz hablándole y cantándole suavemente la música con la que has meditado durante el embarazo.*

Platica anticipadamente con tu médico para que le informes que deseas llevar un pequeño reproductor de discos compactos a la sala de partos. Además del beneficio que obtendrá tu bebé al escuchar tu voz al momento de nacer, el mantra ayudará a que el personal del hospital se mantenga relajado y concentrado en su trabajo. También haz lo posible para que te permitan tener al bebé en tu habitación, en lugar de llevarlo a un cunero.

Masajea y siente su piel; hazlo sentirse bienvenido, abrázalo firme pero con gentileza. En este momento, el bebé ha establecido su propia respiración; su ombligo ha dejado de latir y puede cortarse. El bebé puede recibir un poco más de la valiosa sangre del útero si el cordón umbilical no es cortado inmediatamente; si no es posible esperar, pide que le den las últimas gotas de sangre inclinando el cordón en dirección a su ombligo (esto deberá evitarse si hay problemas con el factor RH).

Inmediatamente, después del parto puedes comenzar a practicar los ejercicios del piso pélvico, como si soltaras y retuvieras la orina. Fortalecerán tus músculos y la recuperación será más rápida. Los bebés nacen justo cuando tienen que nacer, dos semanas antes o dos después de la fecha prevista, es totalmente normal, no tienes que desesperarte, ya que Dios nunca llega tarde. Si te relajas en la vida, todo llega, pero si te empeñas en que todo salga rápido, te cansarás fácilmente.

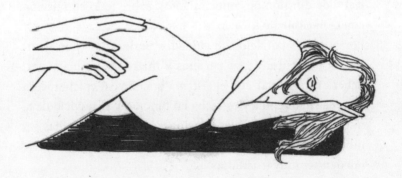

Recomendaciones generales de la Organización Mundial de la Salud (oms), sobre los derechos de la mujer embarazada y el bebé

Publicadas y reconocidas por la oms en la Conferencia Internacional de Fortaleza (Brasil), del 22 al 26 de abril de 1985.

1. Los Ministerios de Sanidad deberían establecer políticas muy claras y específicas sobre la introducción de la tecnología en los servicios de salud y los mercados comerciales.
2. Los países deberían dotarse de los medios necesarios para realizar encuestas colectivas que permitan evaluar la tecnología obstétrica.
3. El conjunto de la población debería estar informado sobre las diversas formas de cuidados en relación con el parto, con el objetivo de que cada mujer pueda optar por ella misma por lo que más le convenga.
4. Los grupos femeninos de apoyo tienen un valor intrínseco en la medida en que constituyen mecanismos de apoyo social y de difusión de conocimientos, sobre todo en relación con el nacimiento.
5. Los sistemas paralelos de cuidados perinatales (por ejemplo, la existencia de las parteras y matronas tradicionales) deberían cohabitar con el sistema oficial y su colaboración debe ser mantenida y estrecha en función y al servicio de la mujer embarazada. Tales relaciones, si son establecidas sin ninguna tentativa de dominación de un sistema sobre otro, pueden ser muy fructuosas.
6. La formación, en materia de cuidados a dar durante el parto, debería de enfocarse para hacer conocer mejor los aspectos sociales, culturales, antropológicos y éticos de la cuestión.
7. Sería necesario animar y favorecer la formación de comadronas y de parteras tradicionales, que serían las responsables

de las atenciones a dispensar en caso de embarazo normal, parto y posparto.

8. La evaluación de la tecnología debería revestir un carácter multidisciplinario e incluir desde las personas que rodean y prestan sus cuidados y atención a la mujer embarazada, hasta epidemiólogos, especialistas en ciencias sociales, autoridades sanitarias. Las mujeres deberían participar en la planificación de la utilización tecnológica, así como en la evaluación de sus resultados y de la difusión de éstos. Estos resultados deberían ser comunicados a todos aquellos que tienen permiso de obtenerlos, así como a las diversas colectividades que han participado en su elaboración.

9. Sería preciso difundir entre los usuarios de los distintos hospitales, información sobre las prácticas en vigor de los hospitales respectivos, en materia de partos y nacimientos (tasa de cesáreas, episiotomías, etcétera).

10. El bienestar psicológico de la madre debe ser asegurado, no solamente por la presencia de una persona de su elección durante el parto, sino también por la posibilidad de recibir visitas libremente durante el periodo posparto.

11. El recién nacido debería estar siempre con su madre, siempre que el estado de salud de los dos lo permita. Ningún examen justifica que se separe a un recién nacido, sin problemas de salud, de su madre.

12. La lactancia materna debe ser estimulada lo antes posible, antes incluso de que la madre abandone la sala de partos.

13. Los países en los que las tasas de mortalidad perinatal son las más bajas del mundo, también tienen las tasas de cesáreas inferiores al diez por ciento. No hay, pues, ninguna razón que justifique que existan tasas de cesárea superiores a ese número.

14. No existe nada objetivo que demuestre la necesidad de una cesárea en las mujeres que hayan sufrido anteriormente una cesárea segmentaria transversal. El parto por vías naturales

en las mujeres con una cesárea anterior debería ser estimula do, cada vez que se disponga de una infraestructura quirúrgica en caso de urgencia.

15. No está demostrado que la monitorización fetal de rutina durante el parto tenga un efecto positivo sobre el bebé o sobre la madre. No se debería hacer uso de monitor más que en casos médicos cuidadosamente seleccionados y valorados. Cuando hay un riesgo de mortalidad perinatal, o cuando el parto ha sido provocado artificialmente. Los países que disponen de esta tecnología y de personal calificado para su uso, deberían intentar estudiar cuidadosamente cuáles son los grupos de mujeres embarazadas susceptibles de beneficiarse realmente del control electrónico del feto. En ausencia de estos datos, los servicios nacionales de salud deberían abstenerse de comprar nuevos aparatos de monitorización.

16. El rasurado del pubis o la administración de un enema antes del parto no son necesarios en absoluto.

17. Las mujeres no deberían ser acostadas sobre la espalda (en posición obstétrica tradicional) durante el trabajo de parto. Se les debería estimular a caminar durante el trabajo de dilatación y a elegir la postura que deseen para el momento del parto/nacimiento.

18. La episiotomía sistemática no esta justificada en absoluto. Deberían ser estudiados otros métodos de protección del periné y ser adoptados si se demuestra su validez.

19. El parto no debería ser provocado por comodidad, ni debería provocarse artificialmente ningún parto si no lo requieren indicaciones médicas precisas y justificadas. Ningún país debería tener tasas de provocación artificial del parto, superiores al diez por ciento.

20. Durante el desarrollo del parto, sería preciso evitar la administración sistemática de analgésicos o anestésicos que no estén expresamente indicados para tratar o prevenir una complicación real.

21. La ruptura artificial de membranas no es indispensable antes de un estadio muy avanzado del trabajo de parto. Ningún dato científico justifica la ruptura sistemática de membranas por medios artificiales en un estadio temprano del parto.

Capítulo 12

¿Cuarenta días encerrada?

A partir del siglo xx, los bebés dejaron de nacer en los hogares para hacerlo en los hospitales. Las mamás estaban inconscientes por la anestesia y no podían hacerse cargo de sus bebés. Ahí comenzó el proceso de separación, ya que el bebé es atendido por extraños, mientras su mamá se recupera.

Independientemente de que el médico se encargue de monitorear la presión de tu sangre, la temperatura, las contracciones uterinas y el fluido sanguíneo, o si tuviste una episiotomía en el perineo, te habrán dado anestesia local para insensibilizarlo durante la sutura y estarás en franca recuperación física.

Las emociones y las sensaciones podrán ser muchas. Permite que tu pareja y tu asistente se encarguen de los pormenores y recibe los cuidados y mimos con agradecimiento, ya que necesitarás cuarenta días para recuperarte y para estar en condiciones de continuar con tu vida normal.

El bebé de Graciela aún no nacía cuando le llamó por teléfono a Ivonne, para que le platicara cómo había sido su experiencia del parto. Habían acordado no visitarse para respetar la cuarentena, pero Graciela sentía sincero aprecio por Ivonne y deseaba saber cómo se encontraba.

—Me encantaría tener una experiencia así —decía Graciela con anhelo cuando escuchó el relato de Ivonne.

—Pues al menos, el doctor Garza está dispuesto a atenderte en tu casa, ya es un avance.

—Creo que no estoy tan preparada como tú, aunque reconozco que si no hubiera sido por la meditación, no hubiera podido soportar el abandono de Rubén. La práctica también me ha servido para darme cuenta que este hijo ha venido a cambiar todas mis perspectivas de vida. Sólo le pido a Dios la fuerza para hacer de él todo un ser humano, sano en mente, cuerpo y alma.

—Confía Graciela, verás que todo sale bien, estás en buenas manos.

—Si, las de Dios.

A la semana siguiente, Graciela comenzó con preeclampsia, su presión había subido a niveles alarmantes y el doctor Garza no quiso arriesgarse ya que el embarazo estaba muy avanzado. La operó al siguiente día. Sin embargo, al nacer, la niña mostró insuficiencia respiratoria y a las pocas horas murió. Los médicos no pudieron hacer mucho por ella y para Graciela fue un golpe muy fuerte.

Graciela tenía un abrumador sentimiento de culpa que la sumió en una profunda depresión. Me enteré una semana después y le llamé para reconfortarla.

—Querida Graciela, siento mucho lo de tu bebé —le dije.

—Gracias, sé que lo dices sinceramente, pero me siento muy mal. Creo que contribuí en mucho para que esto sucediera, primero al no aceptar el embarazo, después el sufrimiento por el abandono de Rubén y el miedo de enfrentarme a un futuro incierto.

—Son las lecciones que nos da la vida para que aprendamos, elevemos nuestra conciencia y nos demos cuenta de que todo lo que hacemos tiene una repercusión. Es la ley cósmica del karma.

—Sí, pero ahora me he quedado sin mi hijita —lloró.

—Es muy probable que tal vez de otra vida, al alma de tu hijita le hacía falta vivir ese tiempo que tú le diste en tu vientre, para poder liberarse. Ella te escogió porque sabía que ibas a meditar en nuestro Bienamado Dios y pedirle lo mejor para ella. Y así fue. No te sientas mal. Seguramente su alma estará agradecida contigo por tu ayuda.

—¿Tú crees eso de verdad?

—Por supuesto. De lo contrario, no te lo diría. Sé que esta reflexión no aliviará mucho tu dolor ni te sacará del duelo, sin embargo, puede ser de mucho consuelo saber que el alma de tu bebé ha sido liberada. Sigue meditando y pide a Dios que calme tu alma. Dios, con su infinita sabiduría y misericordia llega a todo el que lo busca.

Puede parecerte exagerado, pero te aseguro que vas a necesitar de estos cuarenta días de reposo. Es muy común que cuando nace un bebé que es cercano a nosotros (de un familiar o un amigo) todos deseamos conocerlo y estar con él, sin saber lo que esto puede afectarle al niño, ya que no todas las personas tienen los cuidados necesarios (tanto física, mental o espiritualmente) que se requieren para acercarse a un recién nacido.

Los bebés captan todas las energías que están a su alrededor, que pueden ser de enojo, enfermedad, depresión, angustia, etcétera, y afectan su sistema nervioso, por eso debemos tratar de que no haya demasiada gente a su alrededor. Ya sea en la clínica, en el hospital o en tu hogar, evita que el "río" de gente se presente para felicitarlos y conocer al bebé.

Andrea estaba sumamente agotada después del nacimiento de su hijo porque había estado más de doce horas en trabajo de parto. Se encontraba descansando, dormitando un poco para recuperarse. De pronto escuchó voces en el pasillo del hospital que le parecieron familiares. Sus suegros y sus dos cuñadas con sus respectivos esposos e hijos, acababan de llegar para conocer al nuevo miembro de la familia.

Andrea trato de fingir alegría al verlos, pero no pudo ocultar las molestias que sentía. Su estómago e intestinos reiniciaban su actividad normal y su vientre comenzaba a llenarse de gases, que le provocaban cólicos al no poderlos eliminar por la pena ante la familia que estaba presente. En ese momento, trajeron a su bebé, que comenzaba a llorar porque tenía hambre.

Andrea se había preparado durante meses para este momento y estaba lista para darle el pecho, pero con tanto público presente, no se atrevía, así es que el bebé comenzó a llorar más fuerte. "Por nosotros no te preocupes, dale de comer a tu chiquito." Todos estaban atentos para ver cómo lo alimentaba, como si fuera espectáculo de circo. Finalmente, decidió hacerlo, pero como era la primera vez que lo intentaba, el bebé tuvo problemas para que succionara su pezón, así que comenzó a llorar más fuerte.

Entre las risas, chistes y comentarios de los presentes, Andrea sentía que sus nervios se alteraban porque el bebé lloraba insistentemente, ella no podía alimentarlo y para colmo, los gases le estaban haciendo estragos, el dolor era muy fuerte, casi insoportable, pero nadie parecía notarlo.

Finalmente y en un acto heroico, Jaime su esposo salió en su defensa. Les pidió a todos, cariñosa y muy atentamente que por favor la dejaran sola, que necesitaba descansar. Algunos comprendieron con buen ánimo y salieron de la habitación, otros se quedaron para ver la escena de la alimentación, haciendo caso omiso de la súplica de Jaime. La plática continuó durante varias horas y Andrea desesperada no podía hacer contacto visual con su bebé, cantarle, frotarle sus manitas y hablarle suavemente con palabras cariñosas. "Había que quedar bien con la familia, porque se tomaron el trabajo de venir hasta aquí y además le habían traído regalos al bebé."

¿Realmente necesitas quedar bien con la familia? ¿No son ellos los que debieran comprenderte, considerarte y pensar que sería suficiente con llamar por teléfono para preguntar por ti, por tu bebé y permitirles descansar?

Cuando realmente se ama, tu mayor preocupación es el bienestar del ser amado, no necesariamente convencerlo de tu amor.

Una sonrisa tuya
vale mil palabras;
una mirada tuya
cambia los destinos
en bendiciones de Dios;
el toque de tus manos
sostiene y cura.
Ah mujer, si fueras bondadosa,
no habría más llanto en esta
Tierra.

La despedida del embarazo

Esta situación es muy común y en la mayoría de las ocasiones, pocos saben cómo manejarla. Te sugiero platicar con tus familiares, amigos, vecinos y conocidos antes de que nazca tu bebé. Invítalos a una merienda sencilla en tu casa, como una "despedida de embarazo". Desde tu corazón y cuidando el tono de tu voz, agradéceles su interés y su preocupación por ti y tu bebé, reitérales tu cariño y haz mención del motivo de la reunión, apela a su comprensión con objeto de que puedas concientizarlos de los cuidados que deseas tener con tu hijo, que todas sus llamadas telefónicas serán bienvenidas y que al no visitarte inmediatamente después del nacimiento, será una muestra del amor y la preocupación que sienten por ti y por el bienestar de tu bebé. Con esto evitarás herir susceptibilidades. Quienes verdaderamente te aprecian, podrán comprender y aceptar tus razones para tomar esta decisión.

La cuarentena después del parto es el tiempo que necesitarás para conocer propiamente a tu bebé. El lenguaje hasta ahora había sido energético. Necesitarás intimidad para aprender a darle de comer y él, a comer; a cambiarle los pañales, a bañarlo, a escuchar su respiración cuando duerme, a identificar los diferentes tipos de llanto, cuando tiene hambre, sueño, está mojado o no se puede dormir. Y sobre todo, necesitarás el tiempo para recuperar las fuerzas del trabajo que has hecho: darle vida. Por eso es muy importante que sepas que *Cuando el bebé duerme, la mamá siempre duerme.* Justo como las siestas del gato... a cada rato. Cúbrete los ojos si es necesario, para que la luz solar no te moleste.

Los yoguis recomiendan al menos tomar a diario dos siestas de una hora cada una durante los primeros cuarenta días después del nacimiento. Permítete la privacidad de relajarte y ajustar tu nueva vida durante este tiempo.

Conversa con tu esposo para decidir la mejor forma de evitar que personas extrañas a ustedes se acerquen a tu bebé, ya que pueden alterar su bienestar. Durante estos primeros cuarenta días no deberás realizar ningún trabajo pesado, evita alejarte demasiado del niño, salir a la calle y tener relaciones sexuales.

El porqué de la cuarentena
Un aura para dos

El aura es el campo electromagnético que poseemos todos los seres vivos y se encuentra alrededor del cuerpo. Es un escudo de energía que nos protege contra enfermedades, accidentes o influencias negativas y es el aspecto más importante que debes cuidar a partir del nacimiento de tu bebé, ya que él necesitará de cuarenta días para que se le forme totalmente.

Compartes con tu bebé la misma aura durante el nacimiento; tu estado mental se imprimirá en el subconsciente del bebé. Esto significa que si te mantienes relajada durante el parto, tu irradiación de paz será fundamental en la experiencia que tendrá tu hijo en el momento de su nacimiento.

Dentro de la matriz, el bebé y tú están unidos por la misma aura. Cuando nace, aún permanecen unidos. La separación sucede muy despacio y comienza cuando el cordón umbilical se corta. Durante los siguientes cuarenta días se irá formando su propia aura. Durante este periodo, debes protegerlo con tu propio campo electromagnético y no separarte de él a más de *cinco metros,* que es lo que presumiblemente mide tu aura. Durante los siguientes tres años, tu hijo seguirá unido a ti por un cordón umbilical sutil. Sin importar la edad, siempre habrá un fuerte lazo de unión entre tu hijo y tú.

Otra de las grandes razones para guardar la cuarentena, es que cuando estamos jóvenes no medimos las consecuencias de nuestros actos y esta actitud puede llevarnos a cometer abusos después del parto sin darnos cuenta que a futuro, el cuerpo nos *cobrará esa factura.* He podido comprobar que las madres que han guardado la cuarentena después del parto, tienen menos problemas durante su menopausia. En esta etapa de la vida, a la cual presumiblemente todas llegaremos algún día, nuestra condición física y anímica debería ser de paz y felicidad, pero es común encontrar a la mayoría de las mujeres sufriendo de bochornos, depresiones y angustia.

Nos sentimos tan bien después del parto, que queremos integrarnos a la vida cotidiana como si nada hubiera sucedido, pero no es así. Le has dado vida a otro ser y esa es toda una hazaña que requiere de tu propio reconocimiento, de descanso y de recuperación. Ten calma, la cuarentena significa cuarenta días, que no son cuarenta semanas, ni cuarenta meses pero pueden ayudarte a tener la bendición de una menopausia amable y cordial.

Tip de los sabios

Después del nacimiento de tu bebé y durante toda la cuarentena, cuida que el primer alimento que tomes por la mañana sean las almendras preparadas de la siguiente manera:

Toma de 8 a 10 almendras (con cáscara), fríelas con una cucharadita de aceite de almendras (comestible) o ghee,[1] hasta que estén doradas (más o menos cinco minutos); sácalas del fuego, agrega miel y cómelas en ayunas; ayudan a formar sangre nueva para reponer la que se ha perdido durante el parto, a regular las hormonas, te darán energía y te conservarás joven.

También prepara una especie de pudín con tapioca, canela, miel y leche (se prepara igual que la avena); es un alimento predigerido, con mucha proteína, que cura los órganos internos además de que es un excelente laxante.

La vida cotidiana
Después de la cuarentena

Puedes festejar la terminación de la cuarentena con una reunión de bienvenida, en donde podrás invitar a tus seres amados, a tus amistades, familiares, conocidos y toda la gente que se preocupó por ustedes para presentarles al nuevo miembro de la familia. Puedes motivarlos a cantar, bailar y a que le den sus bendiciones.

Canto de bendición

Este canto es una antigua bendición irlandesa que se popularizó en los Estados Unidos en los años sesenta por *The Incredible*

---

[1] Mantequilla clarificada. Derretirla, quitarle la espuma y vaciar en un recipiente de cristal, sin agregar el residuo lácteo que se forma en el fondo.

String Band. Cuando el maestro Yogi Bhajan la escuchó por primera vez, lo inspiró para que la cantáramos al final de cada una de sus clases de Kundalini yoga. Actualmente, miles de maestros alrededor del mundo que imparten clases de la sagrada ciencia legada por Yogi Bhajan, finalizan sus clases con este canto. Se lo dedicamos a nuestro maestro, a todos aquellos que encuentran una esperanza en la desesperanza y a los que recuerdan el poder de la oración.

Sus palabras son una bella bendición que puedes darle a tu hijo y a todos los seres que amas:

> Que el eterno sol te ilumine,
> el amor te rodee,
> y tu luz pura interior,
> guíe tu camino.

El quehacer de la casa no debe ser motivo de preocupación para ti. Concéntrate en la felicidad del bebé y en tu descanso. Una madre que siempre está muy ocupada, nunca tiene tiempo suficiente para su bebé, ni para su esposo, además de que te agotarás fácilmente.

Permite que te ayuden tus familiares y amigas. Con frecuencia se ofrecen a ayudarnos en nuestras labores diarias y son desairados por la urgencia que tenemos de ser independientes. Sé independiente después. Utiliza toda la ayuda que te ofrezcan, siéntete merecedora y no trates de probar tu tenacidad. Si dedicas tu atención a conservarte bien, descansada y saludable (lo que incluye una dieta razonable que debe continuar baja en carbohidratos), entonces te sentirás mucho más capaz de disfrutar a tu bebé y de darle, con toda tu alma, el amor que necesita.

Recuerda también no inmiscuirte tanto en ser madre, al grado de que no tengas tiempo para ser la mujer de tu esposo. Entre más dejes que tu esposo comparta contigo al niño, más te apreciará y por lo tanto se estrecharán más los lazos que los unen a los tres. Si tienes otros hijos, involúcralos también en el cuidado del bebé, para evitar que se sientan desplazados. Desairar a los hermanitos mayores, puede ocasionar verdaderos trastornos en su comportamiento e influir en un sentimiento de rechazo para el recién nacido.

Éste es el momento de ser femenina. No te quedes todo el día con la bata de baño, ni uses los pantalones de siempre y el mismo suéter viejo. Arréglate tan pronto como te levantes para que dispongas del resto del día para atender al bebé y a tu esposo. Protege tu ropa con un mandil, así cuando tu esposo te invite a salir sólo tendrás que quitártelo y tomar tu bolso.

Planea deliberadamente ocasiones en las que tú y tu esposo puedan estar solos y disfrútalas poniendo especial cuidado en ser atractiva e inspiradora. Les caerá muy bien escaparse al cine o a cenar. Trata de hacer arreglos con alguna amiga, tus compañeras de las clases de yoga, o algún familiar que esté en tu misma situación, para que mutuamente se cuiden a los niños. Entonces tu vida podrá expandirse nuevamente hacia horizontes más lejanos.

Círculo de las mamás meditadoras

El mantener un círculo de mamás que estén en tus mismas circunstancias, tal vez tus compañeras de las clases de yoga, amistades o familiares, te proporcionará la facilidad de darse ayuda mutua, dándose consejos o turnándose como cuidadoras de los bebés, para que puedas darte la escapadita con tu esposo, de vez en cuando. Estipulen las reglas para que sea un convenio que las favorezca a todas. Algunas sugerencias podrían ser:

- Una ayuda desinteresada, sin fines lucrativos.
- Voluntariamente proporcionar tus datos con claridad.
- Solicitar la ayuda con un mínimo de dos días de anticipación y como máximo dos veces al mes y que no exceda de tres horas, a menos que exista un común acuerdo entre las dos partes.
- La mamá que requiere el servicio deberá llevar a su bebé al domicilio de la mamá que prestará el servicio, así como sus alimentos, utensilios (silla, mecedora, etcétera) y la ropa para cambiarlo.
- La mamá pasará a recoger a su bebé a la hora acordada, en caso de existir retraso, comunicarse telefónicamente para dar aviso de la hora en que llegará.
- Las mamás podrán negarse a dar el servicio si no están disponibles en la hora y el día que se requiera, sin que sea motivo de resentimiento o queja.
- Las mamás pueden darse de baja del círculo, en el momento que lo deseen.

Estas escapaditas te ayudarán a mantener encendida la llama del amor con tu pareja. Lo ideal es que tú y tu esposo sigan haciendo su vida ahora también como padres. Por el bienestar del bebé, así como por la felicidad de tu matrimonio, ésta es una de las condiciones necesarias para el desarrollo armónico de tu nueva familia.

Por qué amamantar al bebé

Al darle el pecho a tu bebé no sólo lo estás alimentando físicamente, sino que también se alimenta espiritualmente de tu alma y de tu corazón. Tu leche le estimulará el sistema inmunológico y la psique; le formará anticuerpos, además de que es la que más fácilmente puede asimilar.

Cuando estás alterada emocionalmente o enojada, tu pituitaria no funciona apropiadamente y puede inhibir momentáneamente la producción de leche, así es que manténte tranquila y no te preocupes por nada. Relájate, tu bebé necesita tu leche.

Tu bebé es tu espejo. Si llora constantemente y no encuentras la causa, mírate al espejo y pregúntate cómo te sientes, ¿estás deprimida? ¿Enojada? ¿Angustiada? ¿Preocupada? El bebé lo siente, pero no puede manifestarlo de otra manera sino llorando. Tu intuición es la mejor consejera, te dirá con toda certeza, lo que le ocurre a tu bebé.

Recuerdo que durante toda la vida de mi madre, cuando se refería a mi niñez, decía con fastidio, que lloraba constantemente, no me podía calmar con nada, ni de día ni de noche. Hacía berrinches y me golpeaba contra la cuna. Cuando aprendí estas enseñazas y se las platiqué, le pregunté que cómo había sido mi gestación ya que eso había determinado mi comportamiento. Ella se quedó callada, bajó la cabeza y la meneó de un lado a otro, apesadumbrada, con los ojos cerrados y no me contestó nada. Su silencio, para mí, fue muy elocuente.

Amamantar al bebé es todo un trabajo. La alimentación de un día requiere tanta energía como la necesaria para correr quince kilómetros. Haz respiraciones conscientes diariamente por un mínimo de *tres minutos*, para mantener la calma y la tranquilidad que necesitarás para que tu bebé aprenda a comer de tu pecho. No te desesperes, no es tan difícil, pero se necesita paciencia, tenacidad y voluntad, de otra manera, no lo lograrás.

Lo único que el bebé debe succionar es el pezón. Evita utilizar biberones, en especial los chupones para apaciguarlo, ya que de éstos no sacará nada y posteriormente hará que no confíe en nadie ni en nada. Al ser un sustituto del pezón, impide que el pecho reciba toda la estimulación que necesita para una buena producción de leche. Lo ideal es que la lactancia dure un mínimo de seis meses. Durante ese tiempo, tu bebé no necesitará tomar otro tipo de alimento, incluyendo tés, agua o jugos. Si Dios te dio la capacidad de convertir tu sangre en leche, con toda seguridad no se equivocó al hacerla lo suficientemente rica en nutrientes para que tu bebé no necesite otro tipo de alimentos durante sus primeros meses de vida.

En el caso de que tu leche sea escasa, puede ser un indicador de que estás bajo tensión, estrés o preocupaciones, que estás cansada o no te estás alimentando bien. Producir la leche para tu bebé es todo un trabajo, recuerda que la sangre se convierte en leche, así es que toma suficientes líquidos y descansa; duerme y descansa; toma tés y descansa. En el caso extremo que no puedas alimentarlo, ya no se recomienda el uso de biberones, sino utilizar un vaso y procurar cargarlo en tus brazos para mantener el contacto visual. No seas estricta con el horario, sobre todo las primeras semanas, aliméntalo cada vez que te lo pida y poco a poco podrán organizarse.

Manténte en contacto con otras mamás, platicar con ellas te ayudará a darte cuenta que si tienes problemas para alimentar con pecho a tu bebé, es algo común por lo que pasan muchas mamás, al principio. Lo más importante es que no te des por vencida, mantén la calma y sé paciente. Tanto tú como tu bebé, tienen que conocerse y poco a poco lo lograrás.

Para aliviar las molestias de los senos:

- Ducha de agua caliente en la espalda. Permite que el agua corra sobre tus hombros y pechos.
- Masajea los pezones y el pecho completo mientras estás en la ducha, por uno o dos minutos.
- Aplica compresas de agua caliente antes de amamantarlo.

- Alterna compresas de agua fría después de darle de comer.
- Alimenta al bebé con más frecuencia.

Tip de los sabios

Atole de ajonjolí, para aumentar la producción de leche.

Dora ajonjolí en un sartén. Por separado, calienta leche con canela y agrega el ajonjolí dorado hasta que hierva. Sácalo del fuego, haz un licuado y cuélalo. Agrega miel al gusto. Tendrás la leche necesaria para tu hijo y para más, si es necesario.

También puedes tomar el sabrosísimo yogui té:

Esta deliciosa y revitalizante receta viene del oriente. Aquí te presento la versión casera. Disfruta de un termo completo después de dar a luz.

En un litro de agua hierve:

2 rebanadas de raíz de jengibre fresco
3 clavos
4 vainas de cardamomo verde, partidas
4 pimientas gordas
½ raja de canela

Deja hervir durante diez minutos y tápalo para que repose. Agrega el té negro (opcional) y deja que se remoje durante un minuto. Cuela, agrega una onza de leche por taza, endulza con miel y sirve. Alcanza para tres tazas.

Durante la cuarentena, introduce suavemente a tu bebé a su nuevo mundo, un día por cada una de las semanas que estuvo en tu vientre.

Cuando Sofía escuchó acerca de las enseñanzas yóguicas sobre la cuarentena, decidió que las iba a seguir al pie de la letra. Habló con su suegra y su familia política para que no fueran a verla, después del nacimiento de su hijo Leonardo. La noticia no fue bien recibida, tal vez si hubiera sido más sutil para decirla, la familia no se hubiera retirado enojada, pero finalmente logró lo que se había propuesto. Incluso obligaba a Antonio, su esposo, a bañarse y cambiarse de ropa, cuando llegaba de la oficina antes de entrar a la recámara del bebé.

El enojo de la suegra de Sofía le duró hasta los tres meses después del nacimiento de Leonardo, quien actualmente, está por terminar la primaria y nunca se ha enfermado más allá de una gripita de tres días.

En cuanto Carla salió del hospital, fue a ver a sus amigas para mostrarles a su hijo. Se sentía muy orgullosa de él, hasta el momento de tener que cambiarle el pañal. Rápidamente, llamó a la persona que se encargaría de atenderlo, para que lo cambiara pues, según dijo, no se sentía muy segura de saberlo hacer bien. Sin embargo, no despreció la invitación a comer que le hicieron y dejando al bebé encargado, se fue con su numeroso y alegre grupo de amigas.

—Le das el biberón en cuanto comience a llorar —dijo a la nana.

Volteando la cabeza le comentó a sus amigas:

—Armando quería que lo alimentara con pecho, pero le dije que era imposible, eso es una agresión a mi cuerpo. Además te vuelves esclava del niño, todo el tiempo con él, sin salir, imagínate, no tendría el tiempo para vernos.

Ivonne había logrado alimentar a su bebé sin ningún problema. La pequeña Cynthia era risueña y cuando comía, colocaba la manita que le quedaba arriba, sobre el pecho de su mamá, presionando la punta de sus deditos índice y pulgar, que en el yoga es una posición que se utiliza frecuentemente para meditar, llamada gian (léase llián) mudra.

Durante la cuarentena, Ivonne se recuperaba del parto. Administraba su horario y se daba tiempo para descansar lo suficiente, atender a Cynthia y esperar la llegada de Sergio. Desde antes del parto, habían contratado a la persona que la ayudaría en las labores domésticas, así es que ella no tenía más quehacer que atender a la niña y a ella misma. Se dio cuenta que los días pasaban rápidamente y que apenas eran suficientes 24 horas para atender las demandas de la pequeña. Al final de la sexta semana, ya tenía un horario establecido de comidas, baño y siesta para ambas.

Capítulo 13

Con mi bebé en los brazos

La depresión posparto

También conocida como "el *blues* del parto", puede afectarte por varios motivos. Uno, el desprendimiento o "separación" que has tenido de tu hijo, el sentimiento de incapacidad de poder atenderlo adecuadamente o de enfrentar cualquier otra situación. Aunque es común un estado depresivo después del parto, no es precisamente natural. Puedes aliviar un poco este estado anímico con homeopatía, flores de Bach o algún otro tratamiento natural, como el maravilloso té de hierba de San Juan, ya que también puede ser un problema hormonal. Consulta con tu médico.

No obstante que es parte del proceso del nacimiento, puedes quedar resentida durante mucho tiempo si no buscas ayuda y meditas. Haz un compromiso contigo misma de aplicarte a continuar haciendo una meditación por un mínimo de *tres minutos* al día, ¡pero sin faltar uno solo! En ocasiones podemos pasar horas viendo una película que no es de nuestro agrado o en una reunión en la que nos sentimos a disgusto y sin embargo, permanecemos ahí sin movernos. *Tres minutos* de tu día, es menos de lo que dura un comercial de tu programa favorito. Gradualmente aumenta el tiempo hasta que alcances el establecido en las instrucciones.

El grado de abatimiento en el que se encontraba Graciela era muy profundo. Las personas más allegadas a ella, su mamá e Ivonne, trataban infructuosamente de animarla. Para Ivonne era especialmente difícil, ya que comprendía que no podía hacerla partícipe de su felicidad, porque al ver a su hijita ahondaba más su pena. El cariño y la amistad que sentía por ella, la hacía estar constantemente atenta a lo que necesitara.

Habían pasado escasas siete semanas desde la pérdida de su bebé y una tarde la llamó Ivonne:

—Hola Graciela, me acostumbré tanto a verte durante las clases, que te he extrañado mucho durante la cuarentena, sólo hemos podido hablar por teléfono y quisiera que nos pudiéramos ver. Te invito a tomar un yogui té mañana por la tarde.

—Te lo agradezco Ivonne, pero todavía no estoy preparada para ver a la pequeña Cynthia. No he superado del todo la experiencia, ha sido demasiado fuerte para mí.

—Comprendo —le respondió Ivonne con cariño—, pero es una forma de ayudarte a salir adelante, algún día tendremos que vernos y me gustaría que fuera de la forma más natural, poco a poco el dolor irá pasando y con voluntad y fortaleza, podrás rehacer tu vida. Además, me encantaría que le cantemos juntas a Cynthia y puedas ver cómo reconoce los cantos y los disfruta.

—Haré un esfuerzo, querida Ivonne, sobre todo por corresponder con todo el cariño que me das. Ahí estaré mañana por la tarde.

Cuando Graciela entró a la casa de Ivonne y vio a Cynthia, no pudo evitar que las lágrimas corrieran por sus mejillas. La estrechó contra su pecho y besó sus mejillas con mucha suavidad. En esa postura se quedaron un largo rato, Ivonne respetaba el silencio. Sin dejar de llorar, la separó un poco de su pecho para poder observarla detenidamente.

De pronto, inesperadamente, Graciela comenzó a reírse, sin decir nada. Su risa parecía contagiar a Ivonne quien la miraba sorprendida, no comprendía el motivo de su risa. Por un instante, llegó a pensar que la catarsis había sido tan fuerte para su mente, que había perdido la razón.

—¿Qué pasa? —Le preguntó intrigada Ivonne.

—Mis lágrimas le cayeron en su boquita y se las está saboreando —contestó Graciela alegremente—, sonríe y la abre como pidiendo que le de más.

Ambas rieron y rieron, durante un largo rato. No era tanto por la anécdota sino como un escape después de tanto llanto. Esa tarde platicaron durante muchas horas, abrieron sus corazones y dejaron salir sentimientos guardados desde hacía mucho tiempo. Para Graciela fue como un bálsamo sanador que le ayudó a quitarse la tensión que venía cargando hacía varios meses. Para Ivonne fue la consolidación de una gran amistad.

Serás la maestra de las virtudes humanas

Es la madre quien enseña al niño la ternura y la compasión. Es esa gentileza que se aprende en el regazo de la madre durante los tres primeros años de vida, la que le enseña a ser un adulto justo, tolerante y compasivo. Esmérate por dar a tus hijos lo mejor de ti, te verás reflejada en ellos y serán tu obra maestra.

Todo su sistema nervioso y consecuentemente la capacidad para controlarlo, será determinado por la madre. Es ella la que enseña a los hijos la aceptación, compasión y comprensión del dolor de los otros. Hay una frase célebre que dice: "Todo lo bueno que una persona pueda tener, lo aprendió en el regazo de su madre."

Su piel

El bebé recién nacido cambia de piel. En la frente y en la nariz pueden aparecer unos puntitos blancos, como espinillas, son glándulas inmaduras de grasa. Se irán, no te preocupes, pero revisa tu dieta, que no tenga grasa animal o también puede ser que parte de tus hormonas se estén eliminando a través del bebé. Te sugiero limpiar su cabeza y rostro (especialmente alrededor de los ojos, las cejas, atrás de las orejas y la frente) con una motita de algodón mojada con unas gotas de aceite de almendras, media hora antes de bañarlo.

Al comprarle ropa de algodón, ten cuidado de que sea fácil de poner y quitar y que no tenga botones grandes o broches que se le encajen en su delicada piel. Durante los primeros meses, lava su ropa antes de que la use por primera vez, para evitar que la piel entre en contacto con sustancias químicas.

El sueño

El ritmo del sueño puede cambiar durante los primeros cuarenta días. No te preocupes si duerme muchas horas seguidas durante el día, no es necesario que lo despiertes para comer. Puedo asegurarte que en cuanto sienta hambre, despertará. Recuerda que aún no tiene conciencia de que está fuera del útero. Puede dormir de cualquiera de los dos lados. Cámbialo de posición después de cada comida.

Los sonidos

Es inconveniente que escuche música a alto volumen y de ritmo pesado y fuerte. Su sistema nervioso central puede verse seriamente afectado. Es mejor cantarle canciones de cuna, suaves y melodiosas; le fascinará reconocer tu voz y sentir la vibración de tu pecho junto a él. No importa si no cantas muy bien, te aseguro que tu bebé no lo notará.

Sus pies

Es la parte de su cuerpo que te indicará si tiene frío. Si no están tibios, cúbrelos de inmediato. Avisa a tu médico qué postura toman al acostarlo sobre su estómago (hacia adentro o hacia fuera, para saber si están bien alineados con la columna).

Sus manos

Al principio tendrá los puños cerrados, poco a poco los irá abriendo. Dales masajito y frótale las manos una contra la otra.

Rozaduras

Si tu bebé moja de seis a ocho pañales durante el día, quiere decir que está bien alimentado. La zona que cubre los pañales se irrita fácilmente por la orina y las heces fecales. El bebé puede rozarse si tomas alimentos muy condimentados o picantes, deberás tener cuidado con tu dieta mientras dure la lactancia. Cámbiale el pañal con frecuencia. Algunos jabones o detergentes causan rozaduras al mezclarse con la orina. Usa jabón puro y nunca uses blanqueadores con cloro. Si los pañales no se lavan bien, guardarán amonio en ellos y dañarán la piel del bebé. Puedes poner media taza de vinagre en el último enjuague de la lavadora. La modernidad nos ha hecho utilizar únicamente pañales desechables, pero estudiosos del medio ambiente han descubierto que cada pañal necesita ¡*quinientos años!* para biodegradarse. Considera que estamos en un buen momento para pensar en el mundo que le dejaremos a nuestros hijos y nietos, y colabora con la ecología, compra pañales de tela, como antaño, tomando en cuenta que los hay con forma anatómica y fácilmente lavables en máquina y secadoras.

Lava al bebé después de que desaloje su intestino y ponle aceite de almendras. Expón esa parte de su cuerpo al sol y al aire tan frecuentemente como sea posible, pero por periodos cortos. La fécula de maiz, el aceite de almendras naturales y algunas pomadas comerciales te pueden ayudar a combatir las rozaduras, sobre todo en climas cálidos.

El reflujo

Hablando de "modas", es el momento del reflujo en los bebés. Resulta que ahora la mayoría lo padece, como si se tratara de probarse un nuevo sombrero, que todos quieren tener. Ha proliferado tanto, que hasta han fabricado colchones especiales, cuando en realidad desde que tengo memoria, todos los bebés han devuelto un traguito de leche después de comer, incluso se decía que se debía a que iban a ser niños muy sanos. Para algunos se ha convertido en un padecimiento que no les permite estar acostados, horizontales, con la cabecita un poco más alta, como debieran, para no lastimar su frágil columna vertebral, que podrá soportar su peso a partir de los cuatro meses. Muestran su enojo y obligan a sus padres a mantenerlos casi parados cuando apenas cuentan con escasos dos meses de edad.

Mi intuición me dice que la gran mayoría (habrá quienes no), aprendieron el reflujo en el vientre de su madre. Si, efectivamente, si durante el embarazo padeciste de agruras debido a malas combinaciones en los alimentos, como dulce con salado, verduras con frutas, postres y aguas endulzadas; exceso en las comidas; si pasaste mucho tiempo sin ingerir alimento, para después hacer una comida muy abundante; no bebiste suficiente agua; no caminaste mínimo mil pasos después de cada comida, etcétera, entonces tu bebé "aprendió" a tener agruras.

En ese momento las sentía en tu cuerpo, ahora la siente en su propio cuerpecito.

Sentado o parado

Deja que tu bebé permanezca horizontalmente tanto como sea posible, hasta que su espina se fortalezca. Al cuarto mes podrás sentarlo sobre tus piernas, recargado sobre tu pecho, por periodos más largos. Aproximadamente, a los seis meses, se sientan solitos.

No te alarmes

Con el primer bebé, tendemos a asustarnos o preocuparnos por todo. No olvides que Dios nos concedió el don de dar vida a otro ser y la capacidad de cuidarlo y protegerlo. Conserva la calma, de lo contrario le trasmitirás tus preocupaciones que lo harán sentirse nervioso, llorar constantemente y no podrá dormir y como consecuencia, crecerá inseguro y con mucho miedo.

Las hormonas de mamá frecuentemente pasan al bebé por lo que algunos pueden nacer (incluso varoncitos) con leche en sus pechitos, o como si estuvieran menstruando. No tienes por qué preocuparte por esto, pues estos signos desaparecerán solos.

Como y por qué envolver a tu bebé

En estos días se ha perdido la costumbre de envolver a los bebés. Los médicos no lo recomiendan, incluso lo consideran como algo obsoleto, pasado de moda, pero mucho es porque realmente desconocen los beneficios. Sin embargo, uno de los regalos más grandes que se le puede dar al bebé cuando va a dormir su siesta, es envolverlo en una tela grande.

Dobla en diagonal una franela u otra tela suave y delgada de algodón, dependiendo del clima (de 1.20 m de ancho por 1.20 m de largo) y acuéstalo sobre el doblez (ver ilustración).

Con sus brazos pegados al cuerpo, las piernas estiradas y los pies juntos, dobla la tela como se muestra en los dibujos. La tela no debe quedar demasiado apretada. Una vez envuelto, lo puedes alimentar y después acostarlo para que duerma.

Al acostarlo, se recomienda que no se le coloquen almohadas demasiado altas o cualquier otra cosa que le haga presión en la cabeza. Se ha encontrado que doce por ciento de los niños tienen problemas de personalidad, porque cuando eran pequeños, hubo algún tipo de presión en su cabeza que le cambió la forma. Estos huesos son muy frágiles, porque todavía no se han sellado definitivamente.

Envolver al bebé para su siesta semeja la postura de "Shavasan" (postura de muerto). Esta postura consolida la energía del bebé, calma y fortalece sus nervios, le da una sensación de seguridad y prepara el aura para que pueda dormir profundamente. Esta postura le recuerda cuando estaba en el vientre, porque cada vez que se mueve no siente un vacío, sino que siente la tela que lo rodea y esto le da seguridad. La tela no debe quedar demasiado apretada, sólo lo suficiente para que al moverse poco a poco saque sus bracitos y se vaya acostumbrando al vacío del exterior.

Si de pequeñito perfecciona esta postura, de adulto podrá resistir todas las provocaciones que le hagan y practique yoga o no, podrá aprender a sostenerse a sí mismo. Si practicas esto con tu bebé, puedes estar segura de que será muy paciente y tolerante.

Puedes envolver al bebé cada vez que está inquieto, irritable o cansado. Después de envolverlo, puedes rodarlo lentamente, boca abajo/boca arriba y de regreso, sobre la cama, como si fuera un tronco de árbol. Esto le equilibra los hemisferios cerebrales que son los que controlan adecuadamente las emociones, lo calmará y lo relajará mucho y lo ayudará a estar contento una vez más.

El método de mamá canguro, una esperanza de vida

Muchos niños que nacen antes de la semana 37 del embarazo y pesan menos de 2 ½ kilos necesitan atención médica. El método canguro es una forma de mantenerlos calientes, amamantarlos, protegerlos contra las infecciones, y promover su desarrollo y seguridad, según la Organización Mundial de la Salud (OMS).

Se coloca al bebé sobre la mamá, piel con piel, en una especie de "bolsa" durante las veinticuatro horas del día, para ayudarles a ganar peso y alimentarlos de forma natural, dando como resultado que se necesite menos tiempo para que el bebé madure.

Este método fue concebido por dos médicos en Bogotá, Colombia, a finales de la década de los setenta, para combatir el alto grado de mortandad infantil, infecciones y otros problemas en los establecimientos de salud. El método ha ganado aceptación con el tiempo, debido a la falta de incubadoras y al hecho de que

éstas no son apropiadas para atender a recién nacidos con problemas médicos debidos únicamente, a su bajo peso al nacer.

Otros miembros de la familia pueden ayudar a cargar al
recién nacido y permitir dar de alta del hospital más rápidamente a la madre y a su hijo. La abuela y los hermanos(as) de
la madre, o los hermanos(as) del bebé, así como el padre pueden ayudar a cargarlo cuando la madre necesita tiempo para sí
misma; el apoyo de la comunidad también contribuye a garan-
tizar que el método se siga aplicando después de que la madre
sale del hospital.

¿Cómo saber que ya no es necesario continuar con la posición del "bebé canguro"? Cuando el niño se empieza a notar
incómodo, llora mucho, se mueve en exceso y logra mantener
su temperatura normal fuera del pecho.

Masaje relajante

El masaje que le puedes dar a tu bebé, estimulará tu relación
con él. Trata de que sea a media mañana, cuando el día está caliente. Comienza por cortar tus uñas, ya que con un mal movimiento puedes causarle un severo daño. Para darle masaje, utiliza aceite de almendras dulces, del más natural que encuentres
en el mercado. Emplea movimientos cariñosos y ligeros, ya que
sus huesitos son muy suaves y delicados y mantén un constante contacto visual con él. Si además quieres cantarle mientras
masajeas su cuerpecito, será una experiencia muy grata para
ambos. La energía del bebé se encuentra principalmente en la
parte central de su cuerpo, así es que el masaje debe partir de
esa idea: del centro hacia las extremidades, para ayudar a que
fluya su energía.

Comienza con su rostro. Amablemente siente su estructura,
haciendo movimientos suaves y rítmicos, desde el centro de

la cara hacia fuera, con especial cuidado en el área de las cavidades nasales, la mandíbula y la boca, estirando los músculos para que se relajen.

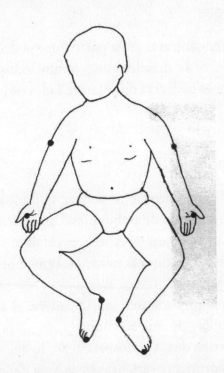

Hay ciertos puntos de acupuntura en su cuerpo que deben ser masajeados diariamente:

Para activar su digestión

El punto que activa el intestino se encuentra en el área de las manos entre el pulgar y el dedo índice. En un adulto este punto generalmente es doloroso, pero para el bebé no lo es. Masajeándolo diariamente, no permitirás que se ponga tenso. Además es bueno para la longevidad, la fortaleza y la salud. Hay otro punto que se encuentra en el brazo, entre el codo y el hombro.

Si masajeas constantemente ese lugar, no se acumularán gases en su estómago.

Evita las gripas

Este punto lo encontrarás en la parte interna del dedo gordo de ambos pies. Si le masajeas este punto todos los días, tu bebé difícilmente padecerá de enfermedades de las adenoides (catarros).

Para la memoria

Para mejorar la concentración y activar su pituitaria, masajea el centro del dedo gordo de ambos pies. Uno de los puntos más importantes para masajear en el bebé, es el talón. Si lo masajeas diariamente hasta que cumpla tres años, la memoria de tu niño llegará a ser fotográfica.

Otros puntos importantes son la cadera, el área entre el talón y las rodillas (lo que se conoce como "talón de Aquiles"), el área arriba de los codos, el cuello, lo que es la base de la cabeza y las primeras vértebras (esta área debe masajearse suavemente), las palmas de las manos, los pies, especialmente en los dedos (para la salud), el abdomen, los hombros, la cabeza, las orejas, los codos, las rodillas y la columna vertebral, para relajarlo. Para masajear sus glúteos, coloca tus manos en forma de copa hasta cubrirlos, esto ayudará a quitarle la tensión y a relajarse. Puedes voltearlo sobre su estómago para masajearle la espalda, desde los hombros hasta los pies, despacio, profundamente y con gentileza. Levanta suavemente sus pies para curvear un poco su espalda; masajea su cuello con cuatro de tus dedos.

El baño

Después de los ejercicios se procede con un baño de agua tibia. El bebé realmente no se ensucia. No es necesario usar jabón, pero si lo deseas, usa neutro, ya que su piel es muy sensible. El baño diario es indispensable aunque no es precisamente para limpiarlo, sino para enseñarle la sensación de libertad del agua. Media hora antes de su baño, aliméntalo y frota su piel suavemente con una motita de algodón y unas gotas de aceite de almendras.

Limpia amorosamente su rostro, teniendo especial cuidado con las cejas, la frente, los párpados, atrás de las orejas, el cuello y la línea del cabello, incluyendo toda la cabeza. En estas zonas puede acumularse gran cantidad de grasa, llamada vernix o seborrea, que les da comezón y puede infectarse, aún a los tres o cuatro meses de nacido. El baño de aceite de almendras, previo al de agua, lo limpiará más que el propio jabón.

—Me va a dar miedo bañarlo, estará tan chiquito —decía Ivonne en una ocasión.

—Es algo por lo que tenemos que pasar todas las madres. Se mueven y se estiran y por momentos te sientes insegura, pero después lo manejarás con mucha confianza —le dije.

Bañar a tu bebé es una actividad que no debe asustarte, ni preocuparte y mucho menos tener que esperar que alguien te ayude. Eres su madre, la persona ideal que tu hijo necesita, pero es muy importante que estés relajada, para que tu bebé también lo esté. Puedes colocar una silla cerca de la bañera para sentarte y hacer la tarea más fácil. Para relajarlo aún más, agrega al agua un té de manzanilla.

Previamente, antes de meterlo a la bañera, deja lista toda la ropa con que lo vas a vestir. Coloca al alcance de tu mano, lo que vas a necesitar para bañarlo: el jabón, el champú, la esponja y la toalla. No llenes demasiado la bañera y prueba el agua con la punta de tu codo para sentir si está agradable, ni muy fría, ni muy caliente. Coloca a tu bebé sobre tu brazo izquierdo (sobre el derecho si eres zurda), sosteniendo su cabecita sobre tu antebrazo y sus glúteos sobre tu mano. Mantén constantemente, el contacto visual y sonríe.

Moja suavemente su cabecita, antes que el cuerpo, enjabónala, enjuágala y sécala con un paño suave antes de continuar. Esto le ayudará a mantener tibia la temperatura de su cuerpo y disfrutará más del baño. Continúa el masaje dentro del agua, estirando sus piernas y luego sus brazos.

Para mejorar su circulación y fortalecer el sistema nervioso, se recomienda que cerca del octavo mes al finalizar el baño, le viertas sobre su cuerpecito un vaso con agua un poquito más fría.

El baño es similar al ambiente del vientre y le gusta mucho, llegando a ser una de las actividades más placenteras entre tú y tu bebé. Los primeros días hay que cuidar que no se moje el cordón umbilical, que se cae entre los ocho o quince días siguientes al nacimiento.

Después del baño, envuélvelo en una toalla grande hasta que se caliente y vístelo. Si el día está suficientemente caliente, podrás darle un baño de sol, de uno a tres minutos, cubriendo su espalda, su cabeza y sus ojos. Ejercita sus brazos y sus piernas, moviéndolos hacia arriba y hacia abajo. Junta sus piernitas y dóblalas hacia su estómago, le ayudará a desalojar gases. Al principio es posible que responda con sonrisas o con lágrimas, pero luego se convertirán en sonidos de placer.

Confía en tu intuición. Las madres sabemos lo que nuestros hijos necesitan, deja fluir tu creatividad para jugar con él. Podrás estimularlo para que se ejercite conforme vaya creciendo.

Coloca juguetes cerca de él para que intente alcanzarlos, o un espejo para que se mire. Cuando tenga unos tres o cuatro meses de vida, podrás sentarlo sobre tus piernas apoyando su espalda sobre tu pecho. Léele un libro de cuentos que tenga muchos dibujos. Aunque aparentemente no entienda el cuento, se acostumbrará a tener un libro frente a él, a ver las imágenes y a pasar las hojas y le estarás formando el hábito de la lectura desde pequeño.

No lo compares con otros niños de su edad, ni te sientas acomplejada porque tu hijo no hace lo que otros o su desarrollo es más lento. Cada niño tiene sus tiempos. Cada madre, sus talentos y cualidades. Descúbrelos.

Capítulo 14

La visión del futuro de mi familia

Para Carla, haber tenido un hijo había sido como un accidente. Su vida no había cambiado en lo más mínimo, continuó con sus compromisos sociales, recuperó su figura en menos de tres meses, lo que la enorgullecía profundamente y pagaba jugosos salarios a las personas que se encargaban de cuidar a su bebé. Según sus valores y convicciones, había cumplido el deseo de su esposo: darle un hijo.

—No me pidas que haga algo más, sencillamente no puedo —le decía.

—Pero Luisito te necesita, casi no te conoce porque no estás con él, replicaba Armando. Prefiere estar con la servidumbre que contigo.

—Cambiará sus preferencias en cuanto crezca un poco y lo lleve al centro comercial. Se pondrá feliz con todo lo que le compraré —concluyó Carla.

Armando se desvivía por su hijo, pero le embargaba la tristeza al reconocer el desapego de Carla.

Algunos años después, supe que Carla y Armando se habían separado. Armando encontró una mujer con cualidades que Carla nunca tendría, así es que la dejó en su palacio, con su servidumbre y sus amigas y rehízo su vida. Formó una familia como siempre la había anhelado y tuvo dos hijos más.

Ivonne y Sergio fueron felices, aprendieron de la vida, de sus tres hijos, de sus experiencias. Ivonne acudía a las clases de yoga, después de dejar a los niños en la escuela. Nunca abandonó la práctica y eso le dio la sabiduría para resolver las situaciones de cada día, por difíciles que fueran.

Desde el principio de la vida hasta el final, sólo la madre con sus oraciones puede vibrar por su hijo, cambiar su destino y reescribirlo.

Calma, salud y prosperidad

Si oras por tus hijos, puedes tener la seguridad de que siempre serán guiados y protegidos. De igual manera, si vives con miedo y te sientes insegura de su bienestar, desde el vientre, en su infancia o en su vida adulta, seguramente esos miedos los atraparán por siempre. *Tres minutos* de meditación al día, fortalecerán tu campo electromagnético y te darán seguridad.

Todo se mueve por la voluntad de Dios. Experimentar este estado de conciencia en tu entorno, se llama "la oración viviente". Cuando te viertes en la oración, cada latido de tu corazón se convierte en un milagro. Tu poder está en la oración, sólo con ella podrás obtener verdaderos cambios y paz real.

Mientras tu hijo esté en el vientre, se verá favorecido con el trabajo espiritual que realices, por tus oraciones, por tu disciplina física, por tu vocación de trabajo y servicio, por tu sentido de responsabilidad, por tu compromiso, por tu entrega y devoción. Una vez cortado el cordón umbilical, sólo te restará enseñarlo, guiarlo y orar por él.

El alma escoge el vientre de la madre donde crecerá, se nutrirá y le dará las experiencias de vida que necesitará para su evolución en este plano. Significa que la relación madre e hijo no es fortuita ni accidental. Todo está planeado en el universo.

Las olimpiadas y el embarazo

Hago una asociación entre el entrenamiento que se necesita para el embarazo y el parto, con el del atleta que desea competir en las olimpiadas. Cada seis años, en alguna parte del planeta, se reúnen miles de los mejores deportistas para competir por una medalla de oro. Vemos las competencias con entusiasmo, seleccionamos a nuestros favoritos, muchos de los cuales comenzaron su entrenamiento casi al mismo tiempo que aprendieron a hablar o a caminar. Necesitaron de años de disciplina y entrenamiento para llegar, tuvieron que trascender el dolor, el cansancio, la disciplina y hasta dejar a un lado la diversión para lograr la anhelada presea. Una vez logrado el objetivo, descubren que valió la pena y que cualquier sacrificio fue importante para obtener el triunfo.

Lo mismo debiera pasar durante el embarazo. El entrenamiento puede ser difícil en función de tu estado anímico, salud física, responsabilidades, disponibilidad de tiempo. Necesitas de alguien de confianza

¡Somos fuertes, porque somos mujeres y porque somos mujeres, somos fuertes!

que te guíe y conozca el camino, estar en buena condición, cuidar tu alimentación, usar ropa adecuada, hacer ejercicio y descansar regularmente, en lo referente al cuerpo físico. Por otro lado, necesitas crear un ambiente agradable en cuanto a las relaciones de pareja, laborales y familiares. No es cuestión de magia, ni de buena suerte.

Puedes vivir en un hogar lleno de comodidades, tener cubiertas todas tus necesidades, pero si llega el momento del parto y no tienes idea de la grandeza de tu espíritu, seguramente tendrás miedo. No puedes depender únicamente de la mente, porque no será suficiente, ya que no se da vida a los hijos con el intelecto. Tampoco el embarazo es simplemente un proceso físico. En realidad es todo, participas con todo tu ser: cuerpo, mente, emociones, espíritu, alma.

Los avances tecnológicos han ido muy lejos, pero frecuentemente han debilitado el espíritu de la humanidad, nuestra mente y nuestro cuerpo. Hagamos del parto el evento que nos devuelva nuestro poder femenino, ese que nos haga recordar lo que somos: parte de un gran linaje de mujeres, que a través de milenios, han tenido la fortaleza de sobrevivir y de prosperar.

Cree en los milagros y crea un mundo maravilloso

Los milagros suceden día con día. Desde que abres los ojos por la mañana, es un milagro que Dios te haya concedido ver el amanecer, pues no sabes si lo verás mañana.

Es nuestra responsabilidad y regalo como padres, enseñar a nuestros hijos para que crezcan con autodisciplina. A veces tendrás que soltar un poco la rienda y a veces, tendrás que jalarla. Tu intuición y tu sabiduría interna te dirán cuánto, cómo y en qué momento, pero si por un instante te asalta la duda de ser capaz de cuidar y sacar adelante a tu hijo, responde: "Sí puedo." Dos palabras maravillosas muy útiles en la educación de los hijos son: *poner límites*.

Poner límites, no significa decir *no* indiscriminadamente a todo. Sólo tienes que mostrarle a tu hijo hasta donde le está permitido llegar y que pasar la línea merece una reprimenda. La reprimenda o castigo, es algo que puedas cumplir. Frases como: "No hay tele un mes", son absurdas porque no las cumplirás. Tampoco puedes castigar a tu hijo con no darle de comer, tal vez no comprarle un dulce *en ese momento*, pero los castigos a largo plazo, no funcionan y mucho menos con un bebé. No amenaces, si adviertes sobre un castigo deberás cumplirlo para que tu hijo aprenda a *honrar tu palabra*, la palabra de la autoridad, de lo contrario, nunca creerá en ti.

Mientras los padres no ponen límites, los hijos pensamos que podemos abusar cuanto queramos de nuestros padres, abuelos o hermanos. Los hijos aprenden desde la cuna, pero no es necesario usar palabras rudas, ni castigos severos o golpes para dar enseñanzas. Es más sencillo que aprendan con tu ejemplo, con amor, con una buena comunicación, poniéndose en los zapatos del otro y comprendiendo los sentimientos de los demás.

Los antiguos sabios creían que para educar a sus hijos, debían hablarles durante las horas ambrosiales (amrit vela), de las tres a las seis de la mañana. Momentos en que los rayos del sol llegan a la tierra en un ángulo de 60 grados bajo el horizonte. Es el momento en que se levanta el velo entre la mente consciente y la riqueza del inconsciente. Es la hora en que los bebés despiertan, la misma de meditar en Dios, la hora más fácil para conectarse con él, mientras todos duermen y buscas saborear el éxtasis del néctar del Creador. Tu hijo aprenderá de ti, todo lo que le enseñes. Mientras duerme, puedes leerle libros de historia, de arte, de biología, de ciencias, de matemáticas, de cómo llegar a Dios, y él absorberá esas enseñanzas como si hubiera ido a una escuela prenatal.

La vida nos enseña

Si como adultos corremos el riesgo de equivocarnos, con mayor razón un niño que comienza a conocer la vida. Tu hijo cometerá errores y deberá saber que siempre estarás cerca para orientarlo y aconsejarlo, pero si verdaderamente quieres ayudarlo, escucha bien, *no le resuelvas todo*. Si tu hijo ya es mayor y tuvo un descalabro, correrá a pedirte ayuda. Reconocerá en ti la sabiduría, la madurez y la experiencia porque has sido su ejemplo. Pero aún así, *no le resuelvas el problema completamente*, deja que asuma su responsabilidad, con tu guía y tu apoyo. Esto lo hará madurar, apreciará tus consejos, desarrollará su valentía y su fortaleza, y cuando llegue el éxito podrá decirte, *gracias por estar cerca de mí*.

También se presentan situaciones que no está en nuestras manos resolver. Tener el juicio para saber dónde nos toca intervenir, o en qué momento hay que retirarse o guardar silencio, hasta dónde es nuestra responsabilidad y en qué punto hay que reconocer que la responsabilidad es de otro, es cuestión de sabiduría. Cuando no esté en tus manos la solución... déjaselo a Dios, con seguridad él sabrá qué hacer.

Pago o devolución

Antiguamente, dentro de las familias mexicanas, existía la cultura de criar a la hija menor para que se hiciera cargo de sus padres durante la vejez. Se manipulaba la creencia de: "Así como te cuidé, ahora te toca cuidar de mí." La hija no tenía derecho a casarse y formar un hogar, el compromiso con sus padres era primordial y hasta la muerte. Esta tradición se heredaba de padres a hijos y el resentimiento que generaba, también se heredaba de los hijos a sus hijos.

Aún en nuestros días, hay familias que conservan esa tradición. Todavía hay quienes no comprenden que los padres nacemos para darles todo a los hijos y los hijos... a sus propios hijos. Si les das *todo* a tus hijos, esperando que algún día te sea devuelto por ellos, puede ser muy frustrante para ti cuando vivas la realidad y la frustración genera enojo. Seguramente Dios tomará nota de tus actos, en tus propios archivos celestiales y solamente él se encargará de *devolverte* lo que estime que mereces. Con tus hijos cosecharás lo que hayas sembrado en ellos.

Más que rodear a tu hijo de comodidades y lujos, de sirvientes o juguetes caros, lo que necesita es tener una madre con brazos cariñosos, llenos de ternura, una sonrisa de alegría y aceptación, una mirada afable y palabras llenas de comprensión. Se acabó el tiempo de buscar a Dios, es el momento de sentirlo dentro de ti.

Declaración de los derechos del niño

Esta Declaración proclamada por las Naciones Unidas en 1959, debe ser aplicada por los padres, hombres y mujeres individualmente, organizaciones particulares, autoridades locales y gobiernos nacionales.

1. Todos los niños tienen los mismos derechos, sin importar su raza, color, sexo, idioma, religión, opinión política, lugar de nacimiento o de quiénes sean sus padres.
2. Derecho especial de crecer y desarrollarse física y espiritualmente en forma sana, normal, libre y con dignidad.
3. Derecho a un nombre y una nacionalidad.
4. A cuidados y protección especiales, buena alimentación, vivienda y atención médica.
5. Derecho a una atención especial si está incapacitado en cualquier forma.
6. Al amor y comprensión de sus padres y familia, o del gobierno si éstos no se pueden hacer cargo de él.
7. Asistencia gratuita a la escuela.
8. A figurar entre los primeros que reciban ayuda en casos de emergencia.
9. A recibir protección contra la crueldad o la explotación que pudiera perjudicar su desarrollo físico o moral.

10. Debe ser educado para la paz, la comprensión, la tolerancia y la fraternidad entre los pueblos.

Graciela cambió de trabajo y encontró otro donde pudo desarrollarse profesionalmente y valoraron todo su talento; sin embargo, pasó mucho tiempo antes de que volviera a relacionarse con otra persona. Trabajó mucho para sanar su alma de la experiencia vivida. Compartía el yoga con Ivonne y fueron muy buenas amigas. Con el tiempo, conoció a Juan, el primo de Ivonne, y formaron un hogar feliz. Su actitud era diferente, se dedicó a su hogar y tuvieron dos hijos.

Tolba Phanem, poetisa africana, escribió esta información que considero apropiada para culminar con estos relatos:

Reconocer nuestra propia canción

Cuando una mujer de cierta tribu de África sabe que está embarazada, se interna en la selva con otras mujeres y juntas rezan y meditan hasta que aparece la canción del niño. Saben que cada alma tiene su propia vibración que expresa su particularidad, unicidad y propósito.

Las mujeres entonan la canción y la cantan en voz alta. Luego retornan a la tribu y se la enseñan a los demás.

Cuando nace el niño, la comunidad se junta y cantan su canción. Luego, cuando el niño comienza su educación, el pueblo se junta y le canta su canción. Cuando se inicia como adulto, la gente se junta nuevamente y canta. Cuando llega el momento de su casamiento, la persona escucha su canción.

Finalmente, cuando el alma va a irse de este mundo, la familia y amigos se acercan a su cama e igual que para su nacimiento, le cantan su canción para acompañarlo en la transición.

En esta tribu de África hay otra ocasión en la cual los pobladores cantan la canción. Si en algún momento durante su vida la persona comete un crimen o un acto social aberrante, se lo lleva al centro del poblado y la gente de la comunidad forma un círculo a su alrededor. Entonces le cantan su canción.

La tribu reconoce que la corrección para las conductas antisociales no es el castigo; es el amor y el recuerdo de su verdadera identidad. Cuando reconocemos nuestra propia canción ya no tenemos deseos ni necesidad de hacer nada que pudiera dañar a otros.

Tus amigos conocen tu canción y te la cantan cuando la olvidaste. Aquellos que te aman no pueden ser engañados por los errores que cometes o las oscuras imágenes que muestras a los demás. Ellos recuerdan tu belleza, cuando te sientes feo; tu totalidad cuando estás quebrado; tu inocencia, cuando te sientes culpable y tu propósito, cuando estás confundido.

No necesito una garantía firmada para saber que la sangre de mis venas es de la tierra y sopla en mi alma como el viento, refresca mi corazón como la lluvia y limpia mi mente como el humo del fuego sagrado.

Necesitamos mejores seres humanos, más conscientes y seguros, honestos, justos y humildes, porque los que ya habitamos este planeta, estamos demasiado viciados y el trabajo para nosotros es más difícil que para los que están por venir. Podrás decir que sólo gestas un hijo, pero en realidad tienes la oportunidad de hacer tu contribución para salvar al mundo, pues cuando tus hijos sean grandes, orgullosamente podrán decir: "Mis padres son un ejemplo a seguir."

Ruego a Dios que lo que encuentres en estas páginas, te inspire para comenzar un trabajo espiritual que redunde en beneficio para ti, para tu hijo, para tu familia y por ende, para la sociedad, tu país y el planeta entero.

Sat Nam

Verdad es mi identidad.
Verdad es el nombre de Dios.

(Así nos saludamos,
así nos despedimos,
así nos bendecimos).

Mes _____

Lunes	Martes	Miércoles	Jueves	Viernes	Sábado	Domingo
✔						

Esta es una hoja muestra para que hagas tu propio calendario, en donde puedas anotar cada día que hagas tu práctica de *tres minutos*, sin importar si es día festivo, si estás de vacaciones, si te llegaron visitas o te sientes cansada o indispuesta.

El compromiso es contigo.

Consejos para colocar al bebe en la posición correcta para alimentarlo

Si moja de seis a ocho pañales al día y está subiendo de peso, indica que se está alimentando correctamente.

Para generar una abundante producción de leche, aliméntalo entre ocho y 14 veces en 24 horas, durante las primeras semanas.

Recuerda: toma de ocho a doce vasos de agua todos los días y descansa suficiente.

El bebé debe tomar toda la areola (parte oscura) y sus labios como boca de pescado.

Sostén el seno con los dedos, formando una letra "C", para permitir que el bebé respire cómodamente. La areola debe quedar totalmente expuesta.

Los hombros deben estar relajados y cómodos. Apóyate en almohadas.

Coloca al bebé frente a ti, "panza con panza".

Para comenzar a alimentarlo, estimula sus labios con el pezón. Acerca al bebé al pecho y no al revés.

PARA EVITAR GRIETAS.
Si sientes dolor cuando el bebé succiona, indica que no está bien colocado. Retíralo y comienza de nuevo.

Para detener al bebé, mete la punta de tu dedo meñique en la comisura de sus labios y entre las encías, para romper el vacío.

SEGUNDA PARTE

Capítulo 15

Cómo comenzar tu práctica diaria

La práctica de la meditación es muy efectiva, pero requiere constancia y un poco de dedicación. Te recomiendo hacerlo por un mínimo de 40 días consecutivos, para sentir los beneficios.

Debes comenzar tu práctica de cada día con el Adi Mantra o mantra inicial, que sirve para entonarte:

ONG NAMO GURU DEV NAMO

"Me inclino y llamo a la Sabiduría Divina, al Maestro Divino".

Siéntate en postura cómoda con las piernas cruzadas y la columna vertebral recta. Presiona las palmas de las manos, una contra la otra en el centro del pecho, con los dedos extendidos y apuntando hacia arriba (mudra de oración). Inhala profundamente, enfoca tu concentración en el entrecejo. Mientras exhalas, canta las palabras ONG NAMO, utilizando toda la respiración para producir el sonido, luego respira rápidamente a través de la boca y canta el resto del mantra: GURU DEV NAMO, ampliando el sonido lo más que sea posible. Cuando cantes, *vibra* el cráneo con el sonido, de tal manera que sientas una presión ligera en el punto del entrecejo.

Canta este mantra de tres a cinco veces, o las que sean necesarias, hasta sentirte entonada, antes de practicar cualquier sesión de Kundalini Yoga.

Si tienes dificultad para sentarte en el piso, puedes hacerlo sobre una silla, siempre y cuando observes algunas indicaciones:

- Apoya los pies sobre el piso.
- Permite que tus rodillas se separen cómodamente.
- No recargues la espalda sobre el respaldo.
- Mantén siempre la espalda recta.
- Jala un poco el mentón hacia el cuello.
- Afloja la ropa si está apretada.
- Cubre tu espalda para mantener la temperatura corporal.
- Idealmente, se requiere cubrir la cabeza con una pañoleta de algodón.

Nota importante

Deberás tomar en cuenta que las prácticas que a continuación te presento, deben practicarse una a la vez y no hacer tu mezcla personal, ya que cada ejercicio o meditación mueve tu energía de forma determinada.

Si deseas hacer una práctica más completa, deberás asistir a clases de Kundalini Yoga con un maestro certificado por KRI (Kundalini Research Institute). Podrás encontrar el directorio de maestros en www.3HO.org o en www.kundalinimexico.com.

Capítulo 16

Con mantras

Meditación efectiva para liberar fantasmas y patrones limitantes de la mente subconsciente Kirtan kriya

Practica esta meditación diariamente por lo menos durante 40 días consecutivos para recibir el efecto total. El esfuerzo que pongas, determinará el resultado.

Siéntate cómodamente en postura fácil. Concéntrate en el punto del entrecejo.

Crea los cinco sonidos primarios (Panch Shabd): S, T, N, M, A en la forma original de las palabras.

SA: infinito, cosmos, comienzo.
TA: vida, existencia.
NA: muerte, cambio, transformación.
MA: renacimiento.

Cada repetición del mantra completo toma de tres a cuatro segundos. Es el ciclo de la creación. Del infinito viene la vida y la existencia individual. De la vida viene la muerte o el cambio. De la muerte viene el renacimiento de la conciencia, el gozo infinito a través del cual la compasión es guiada hacia la vida. El sonido *SA TA NA MA* forma la palabra *SAT NAM*, "Verdad es mi identidad".

Los codos están estirados mientras cantas y el mudra cambia al tocar la punta de cada dedo con el pulgar haciendo una presión firme.

En SA, toca la punta del primer dedo (índice, Júpiter).
En TA, toca la punta del segundo dedo (medio, Saturno).
En NA, toca la punta del tercer dedo (anular, Sol).
En MA, toca la punta del cuarto dedo (meñique, Mercurio).

Canta en los tres lenguajes de la conciencia. Humano: normal o en voz alta (la palabra); amantes: susurro fuerte (la añoranza de pertenecer); divino: mentalmente, silencio (infinito).

Comienza la kriya cantando con la voz normal durante cinco minutos. Después susurra el mantra por cinco minutos. Continúa meditando profundamente en el sonido del mantra, vibrando en silencio por diez minutos. Vuelve a susurrar el mantra por cinco minutos, después canta en voz alta por otros cinco minutos. La duración de la meditación puede variar en función de la proporción de cantar con voz fuerte, susurro o silencio.

Esta secuencia dura 30 minutos. Continúa con un minuto de oración en silencio. Después inhala, exhala. Estira la espalda con las manos arriba, tanto como sea posible, separa los dedos, haz varias respiraciones profundas. Relaja. De esta forma fue enseñada originalmente, pero puedes comenzar dedicando tres minutos en cada parte.

Medita en el sonido primario en forma de "L": concéntrate en la energía que entra por el tope de la cabeza (al pronunciar la S, T, N, M) y proyéctala hacia fuera del tercer ojo (con el sonido de cada A). Cada vez que el mudra se cierra al juntar la punta del dedo pulgar con otro dedo, el ego "sella" el efecto de ese mudra en la conciencia. Esta meditación equilibra la mente. Vibrar con cada punta de los dedos alterna las polaridades eléctricas. El dedo índice y anular son eléctricamente negativos, en relación con los otros dedos. Esto ocasiona un balance en la proyección electromagnética del aura.

Si durante la parte de silencio en esta meditación la mente se dispersa incontrolablemente, regresa al susurro, a la voz alta, al susurro y de nuevo al silencio. Practícala con la frecuencia que lo necesites.

Primer dedo (índice)	Gian mudra	Conocimiento
Segundo dedo (medio)	Shundi mudra	Sabiduría, inteligencia, paciencia
Tercer dedo (anular)	Surya mudra	Vitalidad, energía de la vida
Cuarto dedo (meñique)	Buddhi mudra	Habilidad para comunicarse

Yogi Bhajan, *Aquarian Teacher*, p. 425.

Aprender a meditar

Ésta es una adecuada meditación para quienes nunca antes han meditado o desean desarrollar la habilidad de la concentración en acción. Esta meditación ayuda a desarrollar la habilidad de controlar la reacción ante cualquier situación y traer dulzura y concentración a la mente dispersa.

Siéntate cómodamente en postura fácil con la espalda y el cuello rectos. Jala la barbilla suavemente hacia el cuello. Tus ojos deberán estar ligeramente cerrados y concentrados en el punto del tercer ojo (entre ambas cejas).

Siente el pulso de la muñeca izquierda con los cuatro dedos de la mano derecha. Coloca los dedos en línea recta, presionando muy suavemente, de manera que puedas sentir el puso en la punta de cada dedo. Con cada latido del pulso, mentalmente escucha el sonido SAT NAM.

Comienza con tres minutos y continúa hasta alcanzar once. Con la práctica regular, puedes incrementar al tiempo máximo de 31 minutos.

Yogi Bhajan, *Aquarian Teacher*, p. 428.

SAT NAM

SAT significa verdad y NAM significa nombre.

Algunas veces se traduce como "verdad es mi identidad" y cuando alguien le dice SAT NAM a otra persona, significa: "tu verdad es tu alma".

Para la prosperidad

Esta meditación estimula la mente, el centro lunar y a Júpiter. Cuando Júpiter y el centro lunar se juntan, no hay forma de impedir que se cree riqueza.

Siéntate en postura fácil con una suave cerradura de cuello (levanta el pecho y el esternón y suavemente estira la parte trasera del cuello, jalando la barbilla hacia el cuello). La cabeza se mantiene al nivel sin inclinarla hacia adelante. Dobla los codos y las manos con las palmas volteadas hacia abajo. Mantén los ojos abiertos una décima parte y enfocados en la punta de la nariz.

Alternadamente, golpea los lados de las manos al juntarlas. Los dedos de Mercurio (meñiques) y el Monte de la Luna (localizado en la base de la palma de la mano) se golpean cuando las palmas están volteadas hacia arriba. Los dedos de Júpiter (índices) y los pulgares se golpean por debajo de las manos cuando las palmas están volteadas hacia abajo.

Continúa de tres a 31 minutos. Yogi Bhajan ha dicho acerca del tiempo: "Normalmente, se hace por once minutos, pero de tres a 31 es una decisión. Una vez que te decidas, pégate a ella y tu sistema glandular se acostumbrará a la práctica".

Yogi Bhajan, *Aquarian Teacher*, p. 439.

Mantra

Jar, Jar
Puedes cantar en un solo tono, pero la música del Jar Tántrico es perfecta para esta meditación. Golpea la punta de la lengua contra el paladar.

Para cuando esperas un milagro

Canta este mantra cuando te sientas desafiada y esperas un milagro. Escucha este mantra suavemente en tu hogar las 24 horas del día para establecer una vibración de paz y sanación.

Es un mantra de humildad, relajación, autosanación y alivio emocional. Es un llamado al espíritu de humildad y gracia para recibir luz de guía espiritual y gracia protectora. Reconecta la experiencia del infinito con lo finito, por lo tanto te rescata de la desgracia y el peligro.

Siéntate en una postura cómoda. Coloca tus manos sobre tu vientre y arrulla a tu hijo, o ubícalas sobre tu corazón para dejar salir tus sentimientos.

Comienza con tres minutos, aumentando a once y llegando a 31 minutos.

Yogi Bhajan, *Aquarian Teacher*, p. 84.

MANTRA

GURÚ GURÚ
VAJE GURÚ,
GURÚ RAM DÁS GURÚ
Traducción:
Sabio, sabio es aquel que sirve al infinito.

Meditación para bendecirse uno mismo

Bendícete a ti misma y reconócete como un ser de luz.

Siéntate cómodamente en postura fácil. Arquea el brazo derecho sobre la cabeza con la palma viendo hacia abajo, quince centímetros arriba de la coronilla. Coloca el antebrazo izquierdo paralelo al piso y dobla el codo de manera que la mano toque el pecho con la palma hacia abajo. Mantén los ojos cerrados y permanece así por tres minutos, para terminar, inhala profundo mientras repites el mantra mentalmente. Exhala. Repite dos veces más. Relaja.

Yogi Bhajan, Española #TCH37-3, 3 de agosto, 2000.

Mantra

ME BENDIGO,
ME BENDIGO,
YO SOY, YO SOY

Canta fuerte en un solo tono

Para sanación

No quisiéramos que nuestros hijos enfermaran, pero siempre están expuestos. Medita con este mantra y pide salud para tus enfermos, sin importar donde se encuentren.

Siéntate en postura fácil y aplica cerradura de cuello, levantando el pecho y el esternón y suavemente estira la parte trasera del cuello, jalando la barbilla hacia atrás. La cabeza permanece al nivel sin levantarla o llevarla hacia atrás.

Dobla los codos y colócalos cómodamente contra las costillas. Los antebrazos están hacia afuera en un ángulo de 45 grados del centro de tu cuerpo, alineadas con los muslos y las palmas hacia arriba.

Continúa de 11 a 31 minutos. Para finalizar, inhala profundamente, envía la energía sanadora de tus manos y relájate.

Este mantra es de sanación en Kundalini Yoga y se entona tu ser con el universo. Trae balance. Los ocho sonidos estimulan el flujo del kundalini en el canal central de la columna para sanarla. Se pueden utilizar diferentes melodías o cantarlo en un solo tono.

Yogi Bhajan, *Woman's Camp*, julio, 1981, p. 124.

Mantra

RA MA DA SA
SA SE SO JONG
RA: energía del sol, que energetiza.
MA: energía de la luna, que nutre y refresca.
DA: energía de la tierra, que es segura,
personal y el fundamento de la acción.
SA: el infinito impersonal.
SE: la totalidad de la experiencia.
SO: el sentido personal de la fusión y la identidad.
JONG: el infinito, vibrando y real.

Meditación para disminuir los efectos del baño ácido

Puedes hacer esta meditación, ya sea que esperes un niño o una niña. Si es niño, esta práctica reducirá el efecto del baño ácido en su hemisferio cerebral derecho. Cuando el hijo es una niña, la meditación ayudará a fortalecer su conciencia.

Hay una palabra en la oración entre Dios y tú. Dios no entiende idiomas, sólo vibraciones. Vibración es cuando hablas con la punta de la lengua, toca la parte alta del paladar y aquellos puntos del meridiano que afectan al hipotálamo para que afecte el sector neutrón del cerebro. De lo que se origina en el cerebro, se forma un patrón. Te vuelves inteligente.

Cuando cantas el Kundalini bhakti mantra, invocas al poder creativo primario que es una manifestación femenina. Es un llamado al poder maternal, reduciendo inseguridades personales.

Siéntate en postura fácil con la espalda recta. Dobla los codos y levanta los antebrazos y las manos hasta que estén paralelos al piso, con las palmas viendo hacia abajo y los dedos apuntando hacia los lados opuestos.

Mira la punta de la nariz, con los ojos abiertos una décima parte.

Descansa la palma derecha en el dorso de la mano izquierda. Mantén la postura al nivel de la línea del pecho, pero separadas de ocho a doce centímetros.

Canta solamente con la punta de la lengua para estimular los impulsos de las neuronas. Sonará absolutamente diferente. Canta el Kundalini bhakti mantra, de Nirinjan Kaur; si no lo tienes, canta en un solo tono, durante cinco minutos.

Yogi Bhajan, *Women's Camp*, Española, Nuevo Mexico. 27 de julio, 1990, pp. 15-16.

Kundalini bhakti mantra:

ADI SHAKTI, ADI SHAKTI, ADI SHAKTI,
NAMO, NAMO
SARAB SHAKTI, SARAB SHAKTI, SARAB SHAKTI,
NAMO, NAMO
PRITEM BAGUATI, PRITEM BAGUATI, PRITEM BAGUATI,
NAMO, NAMO
KUNDALINI MATA SHAKTI, MATA SHAKTI,
NAMO, NAMO

Traducción:
Me postro ante el poder primario.
Me postro ante todo lo que abarca el poder y la energía.
Me postro ante aquello que Dios ha creado.
Me postro ante el poder creativo del Kundalini,
El poder de la Madre Divina.

Meditación para detener un pensamiento negativo

Cuando la mente está atrapada en un patrón recurrente de pensamiento negativo, o estás con personas negativas, haz lo siguiente:

Inhala profundamente y repite en un solo tono cinco veces en una exhalación.

Conscious Pregnancy, capítulo 6, p. 61.

Siri Mantra

EK ONG KAR,
SAT GUR PRASAD,
SAT GUR PRASAD,
EK ONG KAR.

Traducción:
Hay un solo Creador,
esto es conocido por la
gracia de la sabiduría infinita.

Meditación VA GURU
Para equilibrar la mente

Esta meditación te traerá calma y alegría a la mente. Si se practica varias veces, los ojos se concentrarán automáticamente en el punto del tercer ojo cuando inhales y hasta será difícil salir de ella. Este estado de calma se consigue cuando consciente-mente te unes con todas las partes de tu ser. En esta meditación te enfocas en la unión del triángulo inferior y el triángu-lo superior formados por la punta de la nariz y los ojos, y el punto del tercer ojo y los ojos.

Siéntate con la columna recta en pos-tura meditativa. Fija los ojos en la punta de la nariz. Gira la cabeza hacia el hombro izquierdo y canta VA, voltea hacia la dere-cha y canta GURU. Comienza con tres minutos y poco a poco aumenta el tiempo hasta alcanzar once o 31 minutos. Luego inhala profundamente y medita inmediatamente en el punto del tercer ojo (el entrecejo) por algunos minutos. (El tono del mantra es monótono).

Yogi Bhajan, *Meditation Manual for Intermediate Students,* 1 de enero, 1972, p. 63.

Mantra

VA GURÚ
Traducción:
No tiene una traducción literal.
Es un mantra que conecta el éxtasis indescriptible de Dios con el éxtasis del alma.

Meditación para pensar antes de hablar

Si tus labios no ejecutan adecuadamente el trabajo de cuidar el más poderoso de los orificios del cuerpo (la boca), haz esta meditación. Debido a que los labios están conectados con los órganos sexuales y el cerebro, podrás observar que estas áreas se verán afectadas.

Siéntate cómodamente en postura fácil, coloca las manos descansando sobre las rodillas en gian mudra (presionando la punta de los índices con los pulgares de cada mano) y los codos estirados. Mantén los ojos cerrados.

Con un ritmo similar al del latido del corazón, canta MAA, MAA, MAA, MAA. Sentirás comezón en los labios.

Comienza por tres minutos, pero puedes aumentar el tiempo tanto como lo desees. Para terminar, inhala profundamente. Exhala. Repite dos veces. Relájate.

Yogi Bhajan, *Relax & Rejoice: A Marriage Manual*, p. 70.

Mantra:

MAA, MAA,
MAA, MAA.
Canta fuerte en un solo tono.

Meditación para sentir la presencia divina

Siéntate cómodamente en postura fácil, coloca las manos sobre las rodillas en gian mudra (presionando la punta de los índices con la de los pulgares). Mantén los ojos cerrados.

Repite el mantra durante tres minutos, aumenta paulatinamente, hasta llegar a once. Para terminar, inhala profundo mientras repites el mantra mentalmente. Exhala. Repite dos veces. Relájate.

El osito de peluche cósmico

El maestro Yogi Bhajan dijo en un campamento de mujeres: "Si se te hace difícil experimentar a Dios, imagínate que es un osito de peluche."

Tras practicar cualquier ejercicio o meditación, antes o después de una profunda relajación, viaja hasta lo más profundo de tu ser, para sentir la experiencia de ese espacio de paz. Escucha el silencio o las vibraciones del mantra o del sonido cósmico.

Siéntete en casa, porque allí estás. Eres una con Dios. Dios y tú son uno. Siéntete segura, cómoda, amándote a ti y tu alma. Siéntete como si te abrazara el osito de peluche cósmico. Ámalo, nútrelo y siéntelo en cada una de tus células.

Gururattan Kaur Khalsa, *Relax and Renew,* p. 110.

MANTRA

DIOS Y YO,
YO Y DIOS,
SOMOS UNO.
Canta fuerte en un solo tono.

Iniciación

PARTE 1

Siéntate derecha con las piernas cruzadas. Coloca la mano izquierda en el corazón y levanta la mano derecha al frente del hombro derecho como si estuvieras haciendo un juramento. Los codos, relajados hacia abajo, y los dedos de ambas manos, separados. Los ojos deberán estar una décima parte abiertos y enfocados en la punta de la nariz.

Comienza con once minutos aumentando el tiempo hasta llegar a 28 minutos.

PARTE 2

Mantén la misma postura mientras escuchas el mantra o lo repites mentalmente, haciendo una respiración larga y profunda. Continúa por tres minutos. Para finalizar, inhala profundamente, mantén la posición y aprieta los dedos. Aprieta todo tu ser como si lo exprimieras y pon tanta presión en el centro del corazón, como te sea posible. Exhala. Repite dos veces. Relájate.

Comentario: "En la era pisciana viviremos con un entendimiento diferente y caminaremos con otra actitud. Aquellos que quieren ser grandes tienen que estar llenos de grandeza, contar sus bendiciones y responder al llamado del deber."
Yogi Bhajan, #NM 0329.

MANTRA

Canta
ONG NAMO
GURU DEV
NAMO

Afirmaciones

El maestro Yogi Bhajan dijo: "Los pensamientos negativos son la base de las desgracias y la pobreza, porque cuando los permites, la pérdida es tuya. Los pensamientos positivos son la base de la prosperidad y la alegría, porque cuando los permites, la ganancia es tuya."

Somos producto de nuestro enfoque mental. Cuando repetimos pensamientos y pronunciamos palabras positivas, podemos transformar una situación negativa en positiva.

Las afirmaciones pueden ser repetidas en voz alta o en silencio como un mantra interno. Te recomiendo que intentes las dos formas para que tengas tu propia experiencia.

Siri Kirpal Kaur Khalsa, *Yoga for Prosperity,* p. 45

Afirmaciones de Yogi Bhajan

Yo soy la luz del alma,
soy hermosa,
generosa,
estoy en el éxtasis.
Yo soy, yo soy.

v

Sana soy yo,
feliz soy yo,
sublime soy yo.

Capítulo 17

En movimiento

Flexiones espinales

Las flexiones espinales son uno de los ejercicios básicos que practicamos siempre en Kundalini Yoga, debido a sus múltiples beneficios. Se activan 72 000 terminales nerviosas que convergen en la columna vertebral y se eleva la energía hasta el tope de la cabeza.

Es conveniente realizar las flexiones espinales como ejercicio de calentamiento antes de meditar.

Siéntate en postura fácil, con los ojos cerrados y toma el tobillo que tienes al frente con ambas manos. Al inhalar, estira la columna como si te jalaran del cabello. Esto hará que saques el pecho, mantén los hombros hacia atrás y la barbilla apuntando hacia la garganta, sin bajar la cabeza.

Al exhalar flexiona la espalda, como si te hubieran soltado el cabello, y forma una letra "C" con la espalda. Mantén la cabeza firme, sin moverla, lo único que se mueve es la espalda. Continúa de uno a tres minutos.

Flexiones en postura de roca

Los antiguos yoguis decían que si perfeccionas esta postura puedes comer rocas y digerirlas, también te hará firme y equilibrada como una roca, por eso la llamaron así. Es excelente para mejorar la digestión y se sugiere practicarla hasta que puedas mantenerla durante siete minutos al día. Por supuesto, puedes comenzar con un minuto y aumentar el tiempo progresivamente.

Híncate sobre ambas rodillas, con el empeine en el suelo. Inclínate hacia atrás sobre los talones, que presionarán los dos nervios que corren hacia el centro inferior de cada glúteo. Conserva la espalda recta.

En esta postura puedes hacer flexiones espinales y también giros, colocando las manos sobre los hombros, con los dedos pulgares hacia atrás y los demás, hacia adelante.

Giros de espalda

Los giros de espalda ayudan a que los músculos sean más flexibles. Se puede practicar a lo largo del día para relajarte y llenarte de energía. También relajan la espalda, ya que se tensa por el aumento de los senos.

Coloca las manos sobre los hombros, con los pulgares atrás y los demás dedos al frente. Inhala y gira la parte alta del cuerpo y la cabeza a la izquierda. Exhala y gira hacia la derecha. Continúa girando suavemente de izquierda a derecha y de derecha a izquierda. Coordina el movimiento desde el centro del cuerpo. Mantén los brazos paralelos al piso con la barbilla apuntando hacia la garganta. Muévete fluidamente con respiración profunda. Continúa de uno a tres minutos.

Para aliviar las agruras

Lo primero es cuidar la alimentación, evitando mezclar frutas con verduras y tomar bebidas endulzadas en la comida, aunque sean de fruta. Reconozco que pedirte que dejes el postre puede ser superior a tus fuerzas, pero inténtalo y observarás que no miento al decirte que produce flatulencia y agruras porque fermenta los alimentos. Lo podrás comprobar si a cualquier fruta le agregas un poco de azúcar y la dejas reposar unas dos horas.

Las agruras pueden ser molestas durante el último trimestre. Al crecer el útero, desplaza el estómago hacia arriba causando que los ácidos estomacales se concentren en la parte baja del esófago. Debido a que el esófago no tiene el mismo revestimiento mucoso que el estómago, sentirás que te quemas.

Coloca las manos en los hombros, con los dedos pulgares hacia atrás y los demás dedos al frente. Inhala y sube los codos muy altos, jalándolos hacia atrás y tratando de tocar las muñecas atrás de la cabeza. Exhala y bájalos a los lados. Continúa de uno a tres minutos.

Tarn Taran Kaur Khalsa, *Conscious Pregnancy*, capítulo 11, p. 100.

Estiramiento del nervio ciático

El nervio ciático o nervio de la vida se localiza en la parte posterior de la pierna, atrás de la rodilla. El estiramiento de este nervio ayuda a que los músculos de la parte trasera de tus piernas y de la baja espalda tengan más flexibilidad. La posición afecta la valentía y la fortaleza. Si este nervio se encuentra tenso tendrás tendencia a sentir ansiedad.

Siéntate en el piso. Estira ambas piernas hacia adelante, separadas unos 60 centímetros. Con las palmas de las manos juntas, estira los brazos arriba de la cabeza abrazando las orejas y jala los costados para que la columna se estire.

Inhala con la espalda recta. Exhala y mantén la columna derecha, doblándote al frente desde la espalda baja y caderas, con los brazos aún abrazando las orejas, tratando de tocar los dedos de los pies con las manos. No dejes las manos al aire, toca cualquier parte que alcances de tu pierna y permite que tu vientre quede hacia adelante, para que no lo oprimas contra las piernas. Continúa de uno a tres minutos. Muévete graciosamente con el ritmo de tu respiración.

Lo más importante es mantener las piernas y la columna derechas, aún si no alcanzas a tocarte los pies.

Tarn Taran Kaur Khalsa, *Conscious Pregnancy,* capítulo 7, p. 66.

Para cambiar la postura del bebé

Los yoguis han notado que una espalda rígida indica una actitud rígida. La postura de gato-vaca ayuda a tener flexibilidad y te energetiza. El aumento de peso y de los senos durante el embarazo puede sobrecargar la espalda. Mantener una espalda flexible, una buena postura y una respiración consciente te ayudará a disminuir la incomodidad.

Apóyate sobre las manos y las rodillas. Coloca las rodillas y las piernas separadas a la misma distancia de la cadera, y las manos y brazos a la altura de los hombros. Inhala en "vaca" al estirar hacia arriba la cabeza y suavemente bajando la espalda. Evita presionar la cintura hacia abajo. Exhala "en gato" al llevar la barbilla hacia el pecho, estirando hacia arriba las vértebras que se encuentran entre las paletas de los hombros y metiendo los glúteos, como un gato enojado. Continúa sincronizando el movimiento con la respiración de uno a tres minutos.

Una variación sería dejar la cabeza colgando, mirando hacia tu bebé y comenzar a girar la cadera en círculos amplios. Te ayudará a relajar la cadera. Continúa de uno a tres minutos. Cambia hacia el otro lado.

Tarn Taran Kaur Khalsa, *Conscious Pregnancy*. capítulo 7, p. 67.

Todos los ejercicios que se proponen en esta postura, pueden ayudar a que el bebé cambie de posición cuando está atravesado o sentadito, ya que se distiende el vientre y le proporciona más espacio para moverse. En estos casos, se recomienda practicar los ejercicios en la mañana y en la noche, por un mínimo de cinco minutos en cada sesión.

Para aliviar un dolor de cabeza y pensar con claridad

Este sencillo ejercicio además de ayudarte a quitar un dolor de cabeza, relaja la espalda y la rigidez del cuello, oxigena la sangre que llega al cerebro y te permitirá pensar con claridad. Si tienes que tomar una decisión importante, practica este ejercicio.

Coloca las manos sobre las rodillas y empuja los hombros hacia las orejas, tanto como te sea posible, estira los codos y utiliza las manos como apoyo para estirarte al máximo. Inhala al subir y exhala al bajar. Mantén la concentración en el entrecejo y los dientes separados para relajar la mandíbula. Piensa SAT al inhalar y NAM al exhalar. Continúa durante un mínimo de tres minutos.

Para oxigenar la sangre que llega al cerebro

Girar la cabeza ayuda a oxigenar la sangre que llega al cerebro. Es importante que al hacerlo, trates de que los músculos del cuello se estiren muy lentamente en cada dirección, de manera que el masaje sea profundo. Si encuentras algún punto donde sientas molestia o dolor, conscientemente relaja esa parte y presiona un poco más el masaje.

Inhala cuando subas la cabeza y exhala cuando la bajes. Mantén la concentración en el entrecejo y los dientes separados para relajar la mandíbula. Continúa de uno a tres minutos y después cambia la dirección al otro lado.

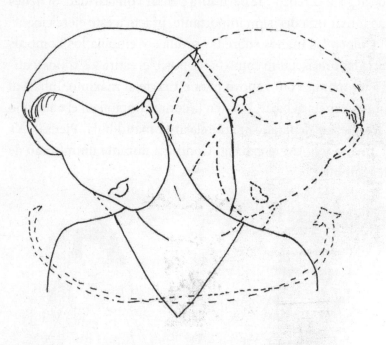

Para equilibrar la mente

Además de equilibrar la mente, este ejercicio ayuda a relajar las vértebras cervicales y puede aliviar la garganta inflamada y la tos recurrente.

Siéntate con la espalda recta. Inhala al voltear el rostro a la izquierda y exhala al hacerlo a la derecha. Mantén el rostro derecho, apuntando la barbilla un poco hacia la garganta, sin doblar la cabeza hacia adelante. Continúa de uno a tres minutos. Después cambia la respiración, inhala a la derecha y exhala a la izquierda. Continúa de uno a tres minutos.

Para liberar el miedo

Siéntate en postura fácil, extiende tus brazos paralelos al piso, coloca las manos en puños, con los dedos pulgares dentro, tocando la parte carnosa de la palma, debajo de los dedos meñiques. Inhala por la boca y dobla los codos trayendo los puños hacia los hombros. Al exhalar por la boca estira los brazos hacia los lados, en la postura original. Muévete rápido y respira poderosamente. Conscientemente, sopla tus miedos en cada exhalación. Continúa rítmicamente coordinando el movimiento con la respiración de dos a tres minutos.

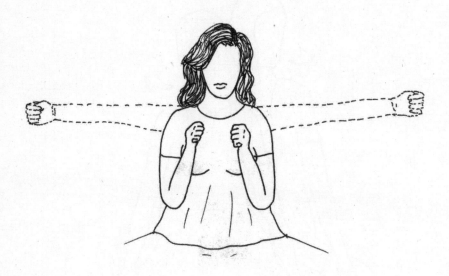

Para liberar el enojo

Siéntate en postura fácil, haz puños con tus manos y comienza a lanzar golpes al frente, con todo el peso de tu cuerpo, haz cara de enojada y trata de sacar todo el enojo que seas capaz. Continúa de uno a tres minutos.

Para liberar la tensión

Sentada en postura fácil, levanta los brazos arriba de tu cabeza y comienza a sacudirlos, tratando de que todo tu cuerpo se estremezca vertiginosamente. Hazlo por un mínimo de un minuto sin descanso y sin bajar los brazos, continúa hasta tres.

Barre tu aura

El aura es el campo de energía que nos protege. Como buena *herramienta*, debe estar en óptimas condiciones para que funcione. Este movimiento fortalece el aura así como el sistema nervioso. Practica barrer el aura con respiración poderosa y profunda.

Siéntate con la espalda recta. Coloca los brazos extendidos a los lados y derechos, con las palmas viendo hacia abajo. Inhala y levanta los brazos con las palmas viéndose una a la otra y abrazando las orejas con la parte interna de los codos. Exhala y baja los brazos a los lados. Continúa de tres a once minutos. Alterna el ritmo de lento a rápido.

Tarn Taran Kaur Khalsa, *Conscious Pregnancy,* capítulo 7, p. 71.

Activador del centro del corazón

Mantén la conciencia de la energía que irradias desde el centro del corazón. Coordina una respiración poderosa, con un fuerte movimiento de los brazos.

Siéntate con la espalda recta. Coloca los brazos estirados al frente y las manos viéndose una a la otra. Inhala estirando los brazos a los lados. Exhala y trae las palmas al frente. Durante el ejercicio, mantén los brazos derechos y paralelos al piso. Continúa de tres a once minutos.

Tarn Taran Kaur Khalsa, *Conscious Pregnancy,* capítulo 7, p. 71.

Mariposas

Primero toma en cuenta que si el cuello de la matriz está suave o se abre antes del término, *no* practiques mariposas.

Este ejercicio acelera el estiramiento que se obtiene con la postura fácil. Alarga el "nervio sexual" que va desde el hueso púbico por la parte interna de la pierna hasta el tobillo. El estiramiento del nervio sexual balancea la energía sexual y estimula la fuerza vital. También te prepara para relajarte con las piernas separadas para el parto. Hace que las articulaciones de la cadera giren, se estiren los muslos, la baja espalda y el piso pélvico.

Siéntate en una superficie firme y nivelada. Coloca las plantas de los pies juntas. Trae los talones cerca del piso pélvico. Alinea la columna y apunta la barbilla hacia adentro. Entrelaza los dedos y colócalos sobre los dedos de los pies, sin encorvar la espalda. Si no sientes un jaloncito en las ingles, quiere decir que puedes acercar tus pies un poco más hacia el cuerpo. En esa postura, relájate. Respira largo y profundo. Continúa por un minuto.

Ahora, inhala profundo y al exhalar, coloca tus manos sobre las rodillas y presiónalas suavemente hacia abajo, mientras sacas el aire por la nariz. Continúa por un minuto más.

Después, mécete de lado a lado con las plantas de los pies juntas, tratando de dar un masaje a los glúteos. Hazlo durante un minuto más.

Tarn Taran Kaur Khalsa, *Conscious Pregnancy*, capítulo 7, p. 66.

Para evitar la paranoia

Este ejercicio trabaja la glándula pituitaria y puede aliviar la paranoia.

Siéntate en postura fácil. Extiende los brazos a los lados paralelos al piso. Enrolla la punta de los dedos sobre el monte de las manos, donde comienzan los dedos y manténlos ahí. Los dedos pulgares se mantienen derechos. La espalda deberá estar recta, con el pecho extendido hacia fuera y la barbilla hacia adentro. Gira las muñecas de tal forma que los pulgares señalen hacia arriba y luego hacia abajo. Continúa de tres a siete minutos, con una respiración larga y profunda. Relájate.

Yogi Bhajan, *Yoga for Youth and Joy,* ejercicio 1, p. 40.

Para aliviar la tensión

Durante la ejecución de este ejercicio, mantén la cara con gesto enojado.

En postura fácil, estira los brazos a los lados, en un ángulo de 60 grados del pecho. Inhala mientras lentamente haces puños con las manos. Mantén el aire adentro y con la tensión trae los puños al pecho, doblando los brazos desde los codos. Exhala mientras relajas la tensión y tocas suavemente tu pecho. Repite durante tres minutos, Relájate y estira las piernas.

Yogi Bhajan, *Aquarian Teacher*, ejercicio 4, p. 366.

Para balancear el sistema nervioso

Este ejercicio estimula la glándula pituitaria, creando un balance entre el sistema nervioso simpático y el parasimpático.

Siéntate en postura fácil con los brazos extendidos hacia los lados, paralelos al piso. Las palmas de las manos hacia el techo. Moviendo solamente el dedo de Saturno (el dedo central o mayor, que es el dedo de la tolerancia y la paciencia), inhala y súbelo, apuntando al techo, exhala y bájalo. Continúa rítmicamente de uno a tres minutos.

Yogi Bhajan, *Kundalini Yoga for Youth & Joy*, ejercicio 1, p. 35,.

Para mejorar el funcionamiento del colon

Este ejercicio trabaja en el meridiano del brazo para activarlo, que es un canal de energía sutil que se conecta con el intestino.

Siéntate en postura de roca (sobre los talones) o en postura fácil con los brazos estirados al frente, ligeramente más arriba que la paralela al piso y con las manos perpendiculares al brazo (formando una escuadra entre la mano y el brazo). Inhala y levanta el brazo derecho arriba de la cabeza, manteniendo la mano en un ángulo de 90 grados en relación con el brazo y la palma hacia arriba. Exhala y regresa el brazo a la postura original. Continúa de uno a dos minutos.

Cambia de brazo y continúa con el ejercicio de uno a dos minutos. Descansa. Ahora haz el ejercicio con ambos brazos de uno a dos minutos.

Caminata en meditación
¡El mejor regalo que una madre puede darle a su hijo!

Tip de los sabios

Frecuentemente vemos parejas embarazadas caminando juntas alrededor de la manzana o en un parque. Es más que sólo ejercicio. Sus movimientos van en armonía. Han encontrado el tiempo dentro de sus labores para caminar, meditar y platicar acerca de crear una familia. Es un momento muy especial. Los yoguis le llaman Charan Llap y se han dado cuenta que cuando la mujer lo practica durante el embarazo, sus glándulas se balancean y su hijo es calmado y santo.

El alma entra al cuerpo del bebé transcurridos 120 días de la concepción. Antes de ese momento, puedes hacer lo que desees, aun saltar tanto como quieras sin problema, pero una vez que el alma entra al cuerpo, tienes que caminar todos los días de un kilómetro y medio hasta nueve, para el bienestar de ambos. Si no puedes lograrlo entonces camina mil pasos *después de cada comida*, ¡sin fallar un solo día!

Canta SAT NAM con el pie izquierdo y VAJE GURU con el derecho. Sería ideal que tu esposo te acompañara.

Después de hacerlo, no tendrás más preguntas. Tu bebé nacerá limpiamente. Estos niños no son llorones, ríen constantemente, son calmados y serenos. Si practicas esta disciplina, todas las secreciones glandulares serán perfectas y tendrás un bebé calmado y extremadamente espiritual.

Tarn Taran Kaur Khalsa, *Conscious Pregnancy*, cap. 10, p. 87.

Capítulo 18
Posturas

Para tener nervios fuertes

Practica esta meditación para tener una mente calmada y nervios fuertes. Te ayudará a protegerte de la irracionalidad. Puedes practicarla en cualquier parte.

Siéntate en postura fácil con la espalda recta.

Las mujeres: coloca la mano izquierda al nivel de la oreja y toca la punta del pulgar con la punta del anular. Las uñas no deben tocarse. Coloca la mano *derecha* sobre el regazo tocando la punta del pulgar con la punta del meñique.

Los hombres: coloca la mano derecha al nivel de la oreja y toca la punta del pulgar con la punta del anular. Las uñas no deben tocarse. Coloca la mano *izquierda* sobre el regazo tocando la punta del pulgar con la punta del meñique. Los ojos deberán estar una décima parte abiertos. La respiración debe ser larga y profunda pero no poderosa.

Comienza con once minutos aumentando el tiempo hasta llegar a 31 minutos. Para terminar la meditación, inhala profundamente, abre los dedos, levanta las manos y sacúdelas rápidamente por varios minutos. Después relájate.

Yogi Bhajan, *Survival Kit.* 29 de septiembre, 1973. p. 36.

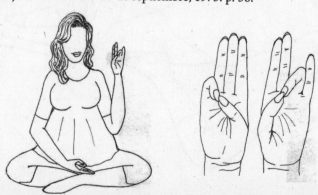

Otra forma de estirar el nervio ciático

Este estiramiento permite que tu espalda y el nervio de la vida que corre por debajo de tus piernas se hagan flexibles. También ayuda a liberar la constipación del intestino. El nervio ciático tiene efectos en la valentía y en la fortaleza, esto significa que si tu nervio está tenso, tendrás tendencia a sentir ansiedad. Alivia el dolor de espalda ocasionado por el aumento de peso y la mala postura al caminar.

Siéntate en el piso y estira ambas piernas al frente. Coloca la planta del pie derecho tocando la parte interna del muslo izquierdo. Inclina suavemente el torso hacia adelante, respirando larga y profundamente. Cada vez que saques el aire, recorre cada músculo de tu cuerpo y conscientemente relájalo. Trata de no balancear tu espalda, únicamente mantén la postura teniendo como objetivo que tu frente llegue suavemente a la rodilla. Continúa de uno a tres minutos. Cambia de pierna y repite.

Lo más importante es mantener las piernas y la columna derechas, aún si no alcanzas a tocarte los pies.

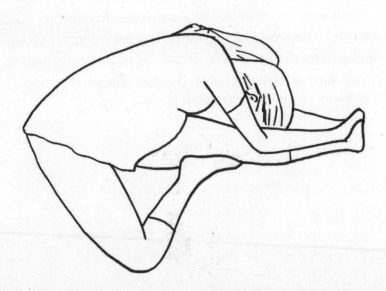

Para equilibrar las emociones

Esta meditación ayuda mucho a la mujer y es importante hacerla en el momento que te sientas preocupada o indispuesta, con ganas de gritar o de cometer una tontería y no sabes qué hacer. Cuando eres emocional o pierdes la concentración, deberás poner atención al balance de agua del cuerpo y el ritmo de la respiración. El ser humano tiene aproximadamente el 70 por ciento de agua y el comportamiento errático depende de la relación de agua, tierra, aire y éter de tu cuerpo. La respiración representada por el aire y el éter, es el ritmo de la vida.

Normalmente, respiramos quince veces por minuto, pero tenemos la capacidad de bajar el número de respiraciones a cuatro por minuto, lo que te dará control indirecto sobre la propia mente, la conduce a dejar el comportamiento ofensivo y te calmará sin importar la situación externa. Cuando hay un desbalance de agua en el sistema y los riñones están bajo presión, puede ocasionar que te sientas preocupada y trastornada.

Tomando agua, jalando los hombros hacia las orejas y cerrando fuertemente el área superior, se crea un sólido y automático freno que se puede aplicar a los cuatro lados del cerebro. Después de dos o tres minutos, los pensamientos estarán ahí, pero ya no los sentirás. Éste es un método muy efectivo para balancear el cerebro funcional.

Antes de practicar esta meditación, bebe un vaso de agua. Siéntate en postura fácil, coloca los brazos cruzados sobre el pecho y tus manos bajo las axilas, con las palmas abiertas contra el pecho. Levanta los hombros hacia el lóbulo de las orejas, apretando y aplicando cerradura de cuello (levantando el pecho y el esternón y suavemente estirando la parte trasera del cuello, jalando la barbilla hacia el cuello). La cabeza se mantiene nivelada sin inclinarla adelante. La respiración se volverá automáticamente lenta.

Mantén los ojos cerrados. Continúa por tres minutos, aumentando gradualmente hasta llegar a once minutos.

Yogi Bhajan, *Aquarian Teacher,* 12 de agosto, 1977, p. 399.

Elimina el miedo y la tensión

Relajación de Buda

Siéntate en postura fácil (con las piernas cruzadas) y descansa tu codo derecho sobre la rodilla derecha. Apoya la mejilla derecha sobre la palma de la mano derecha con los dedos abiertos, cubriendo la mitad de la frente. Solo relájate en esta postura. Los ojos deberán estar cerrados. Continúa por once minutos.

Comentarios: esta postura de relajación puede liberar la tensión y el estrés en once minutos. Pondrá presión en el hígado, así es que relájate y permite que el cuerpo se ajuste solo.

La combinación más poderosa contra el estrés es hacer esta meditación y después 31 minutos de respiración de un minuto: haciendo una respiración por minuto (inhalando en veinte segundos, sosteniendo la respiración veinte segundos y exhalando veinte segundos). Te dará un estado de calma que te permitirá ganar el juego de la vida.

Tarn Taran Kaur Khalsa, *Conscious Pregnancy*, ejercicio 1, p. 237.

Para recargarte de energía

Levanta ambos brazos enn un ángulo de 60 grados hacia los lados, sin doblar los codos. Las palmas viendo hacia afuera, los dedos separados y tensos como de acero. Mientras más tenses los dedos más se concentrará la energía.

Respira de la siguiente manera: haz una "O" con la boca y respira con fuerza. Recibe energía de los cielos y la tierra para recargarte y ser fuerte. Continúa por tres minutos. Para finalizar, inhala profundamente, sostén la respiración y haz que circule por todo tu ser. Exhala como cañón de fuego, con los labios fruncidos. Relájate. Te sentirás renovada durante todo el día.

Yogi Bhajan, Los Ángeles, 7 de noviembre, 1999.

Prepárate para el parto
Postura de cuervo

Colócate de pie con las piernas separadas a la misma distancia que los hombros, dobla las rodillas y baja a cuclillas. Mantén los pies apoyados en el piso, ya que es una postura de descanso. Durante el parto, puedes balancear el peso en la parte redonda de tus pies, como si te pusieras de puntas.

Comienza a practicar las cuclillas durante un minuto, cuatro o cinco veces al día. Lentamente, aumenta el tiempo hasta quince minutos. Practica frecuentemente para la preparación del parto. Es una posición poco conocida para muchas mujeres de Occidente y su práctica es fundamental.

Intenta estas variaciones para facilitar las cuclillas

1. Coloca tu espalda contra la pared con las piernas y los pies separados. Lentamente, baja tu cuerpo a cuclillas mientras mantienes la espalda contra la pared.
2. Sosténte de una silla o una mesa con tus piernas y pies separados. Lentamente baja a cuclillas mientras te apoyas.

Tarn Taran Kaur Khalsa, *Conscious Pregnancy*, capítulo 7, p. 68.

Nota: no practiques esta postura si tienes contracciones prematuras, algún tipo de complicación o si el cuello de la matriz es débil.

Postura de oración

Esta postura activa fortalece y mejora la circulación del área superior del pecho.

Siéntate con la espalda recta y junta las palmas en postura de oración, con los antebrazos paralelos al piso. Empuja tan fuerte como puedas, mientras respiras largo, profundo y poderosamente. Empuja las manos una contra la otra hasta que tiemblen. Sentirás tensión en la parte superior del área de los senos. Evita contraer los músculos del rostro y apretar los dientes. Continúa de uno a tres minutos. Relájate.

Tarn Taran Kaur Khalsa, *Conscious Pregnancy*, capítulo 7, p. 70.

Para resolver problemas de comunicación

Esta meditación activa el poder de Mercurio, el poder de la comunicación.

Siéntate en una postura fácil. Toca el dedo pulgar y de Mercurio (meñique) de una mano con el pulgar y el de Mercurio de la otra. Dobla el dedo del Sol (anular) hacia las palmas, pero sin tocarlas. Los dedos de Júpiter (índices) y Saturno (medio) apuntan hacia arriba, pero no se tocan. Coloca las manos a unos diez centímetros del centro de tu pecho.

Medita escuchando *Bienamado Dios*, el primer canto de *La Laguna de Paz*, cantado por Singh Kaur. Si no lo tienes escucha algún canto que te inspire para meditar en el Creador.

Comienza con once minutos y aumenta el tiempo progresivamente hasta llegar a 31.

Yogi Bhajan, *Reaching Me in Me*, 22 de agosto, 1986, p. 61.

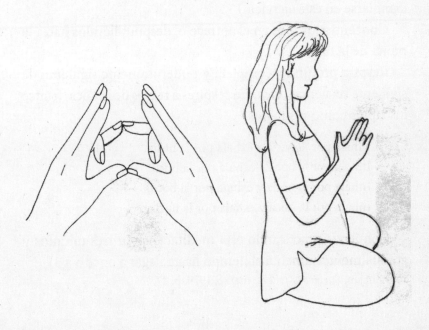

Para cuando no sabes qué hacer

Cuando no sabes qué hacer intenta esta meditación. Es muy sencilla, pero muy poderosa si se hace correctamente. Coordina los hemisferios (izquierdo y derecho) del cerebro, te da poder, penetración y coordina el misterio del fenómeno espiritual en la maestría de los tres cuerpos (físico, mental y espiritual). Aunque se ve simple, resuelve muchas complicaciones. Esta práctica es a veces llamada gian mudra kriya.

Siéntate cómodamente en postura fácil o en una silla. Relaja los brazos hacia abajo a los lados del cuerpo. Dobla los codos y levanta las manos hasta que se encuentren al nivel del pecho. Los dedos de cada mano están extendidos y juntos en forma relajada. Cruza las manos con ambas palmas viendo hacia el pecho. Una palma descansa en la otra y los pulgares están cruzados, los dedos apuntan hacia arriba en un ángulo cómodo. (La posición de la mano izquierda y de la derecha puede intercambiarse en este ejercicio).

Concentra los ojos en el entrecejo, después llévalos hacia la punta de la nariz.

Respira profundo, completa y poderosamente siguiendo la siguiente secuencia. Cuando respires a través de la boca, frunce los labios como si silbaras.

> Inhala por la nariz y exhala por la nariz.
> Inhala por la boca y exhala por la boca.
> Inhala por la nariz y exhala por la boca.
> Inhala por la boca y exhala por la nariz.

Comienza practicando esta meditación por tres minutos y gradualmente aumenta el tiempo hasta llegar a once o a 31.
Yogi Bhajan, *Survival Kit*, 2 de marzo, 1979, p. 27.

Para conquistar el enojo interno

Esta meditación puede hacerse tanto en la mañana como por la noche. Si la haces once minutos diariamente tu vida cambiará, será nueva. Hazla por 40 días y cambiará tu personalidad de la A a la Z.

Siéntate en postura fácil con los brazos paralelos y estirados, derechos hacia los lados. Coloca el dedo de Júpiter (índice) apuntando hacia arriba y que el pulgar cierre los otros dedos. El poder de Júpiter, el conocimiento, debe ser duro, tenso y derecho. Mantén los ojos cerrados y concentrándote en la columna.

Inhala profundo por la lengua enrollada (respiración sitali) y exhala por la nariz.

Comienza por tres minutos y aumenta progresivamente hasta llegar a once minutos. Para terminar: inhala profundamente, mantén la respiración por diez segundos mientras estiras los brazos hacia fuera, tanto como sea posible y exhala. Repite esta secuencia dos veces más.

Yogi Bhajan, *Reaching Me in Me,* 8 de marzo, 1999, p. 58.

Para conquistar el dolor

Es natural sentir cierto temor hacia el dolor del parto. Sin embargo, Dios nos hizo tan perfectas, que cada una está capacitada para tolerar el dolor que en ese momento sienta. Todo depende de tu estado de relajación y de la conciencia que tengas para aceptar este momento. Esta meditación te ayudará a trascender el dolor.

Éste es un proceso de autocuración y le da a tu cuerpo la capacidad de conquistar el dolor. Balancea el sistema nervioso central. Después de tres minutos el dolor será mayor y deberás ser fuerte para conquistar cualquier negatividad. Habrá una guerra entre tú y tu mente y tienes que ganarle. Esta meditación entrena tu cuerpo para pelear contra el dolor. Si logras conquistar al dolor, podrás conquistar cualquier obstáculo.

Siéntate en postura fácil con la espalda recta, sacando la barbilla y el pecho. Coloca los dedos de tal manera que los dedos de Júpiter y Saturno (índice y medio) queden juntos y el del Sol y Mercurio (anular y el meñique) también, dejando un hueco entre el anular y el medio. Estira los brazos a los lados paralelos al piso. Sentirás un estiramiento en las axilas (estirar los brazos hacia los lados, jalando las axilas, puede liberar la tensión). La palma izquierda se voltea hacia abajo y la derecha hacia arriba.

Inhala profundo por la boca como si bebieras el aire. Exhala poderosamente por la nariz. Hazlo muy lento hasta que logres tres respiraciones por minuto. Mantén tus brazos derechos y las axilas estiradas.

Comienza por un minuto y aumenta progresivamente el tiempo hasta alcanzar once minutos. Para terminar: inhala profundamente por la boca, mantén la respiración por quince

segundos, estira los brazos hacia afuera y la columna hacia arriba. Exhala por la nariz y repite esta secuencia dos veces.
Yogi Bhajan, 8 de febrero, 1995.

Para eliminar pensamientos desagradables

Siéntate en postura fácil con la espalda recta. Haz una copa con las manos colocando la derecha sobre la izquierda. Los dedos se cruzan entre sí. Coloca esta copa a la altura del centro del corazón. Los ojos verán tus manos. Inhala profundo por la nariz. Exhala por la boca con los labios fruncidos, en la cuenca de tus manos. La exhalación es como escupir el aire dentro de las palmas, pero es una acción seca y larga.

Medita sobre el pensamiento que tienes y que no te gusta. Escupe el pensamiento con la respiración. Inhala el pensamiento que te disgusta, luego exhálalo en la cuenca de las manos. Haz esta respiración empezando por tres minutos y si lo deseas, puedes aumentar el tiempo hasta llegar a once.

Después inhala profundo, exhala y con los ojos cerrados, comienza a concentrarte en la columna vertebral, manteniendo la concentración en la base.

Siente las 26 vértebras y la columna como si tuvieras una vara en las manos. Mientras más sientas la base de la columna, más fluirá la energía y sentirás alivio.

Yogi Bhajan, *Meditation Manual for Intermediate Students*, 19 de mayo, 1975, p. 29.

Para liberar el enojo de la infancia

Esta meditación te cambiará por dentro y por fuera. Puede practicarse en la mañana o por la noche. Sin embargo, si la practicas por la noche, a la mañana siguiente podrás darte cuenta que tu calibre y tu energía han cambiado.

Siéntate en postura fácil con los brazos paralelos y estirados hacia los lados. Los pulgares cierran los dedos de Mercurio y del Sol (meñique y anular) extiende los dedos de Júpiter y Saturno (índice y medio). Voltea las palmas hacia adelante y apunta los dedos a los lados.

Inhala profundamente succionando el aire a través de los dientes cerrados y exhala por la nariz.

Comienza por un minuto y poco a poco aumenta el tiempo hasta llegar a once minutos. Para terminar: inhala profundamente, sostén la respiración por diez segundos mientras estiras la espalda hacia arriba y los brazos hacia los lados. Exhala. Repite esta secuencia dos veces.

Yogi Bhajan, *Reaching Me in Me*, 9 de marzo, 1999, p. 58.

Meditación para gurprasad

Siéntate cómodamente en postura de meditación y coloca las manos juntas en forma de copa al nivel del corazón, con las palmas hacia arriba, los brazos presionando la caja toráxica, los ojos una décima parte abierta. Mantén la columna recta (si la columna está curvada, hará que te curves aun haciendo oración).

Siente que estás pidiendo una bendición de Dios, que algo te cae de los cielos: la luz de Dios, el flujo de la vida, la suprema energía, lo que sea que creas piensa en Jesucristo, Moisés, o en algún ser inspirante. No importa. Siente que algo llega a tus manos. Sumérgete en esa visión hasta que comiences a sentir que es una realidad. Simplemente pide "gracia".

Continúa por tres minutos, no puede hacerse por largo tiempo, pero hazlo lo mejor que puedas.

Comentarios: gurprasad significa el regalo del Guru (Sabiduría Infinita). Cuando practiques esta meditación, siente como si te bañaran todas las bendiciones del Cielo: salud, riqueza, felicidad. Deja que suceda, piensa en tu hijo, pide lo que quieras para él y para ti. Llena tu corazón y tu alma con todas las bondades de la naturaleza. Medita en el flujo infinito del alma universal y siente el profundo influjo del espíritu. Esta postura es muy relajante. La presión sutil contra los puntos meridianos en la caja toráxica inmediatamente proporciona relajación.
Yogi Bhajan. 14 de diciembre, 1977.

Meditación para la aceptación personal

Practicar esta meditación ayuda a romper el ciclo de la autodestrucción, exalta la constancia y la estabilidad, y habilita para mantenerse alineado con el núcleo de la verdad. Podrás obtener atributos de gozo a la mente.

Siéntate en postura fácil con la columna recta, relaja los brazos a los lados y coloca las manos a la altura del corazón. Haz puños con las manos y extiende los pulgares hacia arriba. Los puños y los pulgares se tocan. Concéntrate en la punta de la nariz. Mantén una actitud alerta y el torso quieto (sin balancearse atrás y adelante). Respira con el siguiente patrón:

Inhala profundamente por la nariz.
Exhala completamente por la boca.
Inhala profunda y suavemente por la boca.
Exhala completamente por la nariz.

Continúa de tres a once minutos, puedes hacerlo hasta alcanzar 22, pero no más. Inhala y estira los brazos sobre la cabeza. Mantén la posición de estiramiento mientras tomas tres respiraciones más. Relájate.

Yogi Bhajan, *Aquarian Teacher,* marzo, 1979, p. 397.

Para sentirte feliz

Esta práctica te relajará y te hará sentir feliz, porque alargará tu vida. No la practiques cuando tengas que ir a trabajar o a realizar cualquier actividad que requiera atención, como manejar, solamente cuando tengas tiempo de relajarte o antes de dormir.

Haz un puño con tu mano izquierda y abraza los dedos con la mano derecha juntando los dedos pulgares y presionando la base de las palmas. Cuida que ambos pulgares toquen la falange media del dedo índice (Júpiter) izquierdo. Mantén los codos a los lados del cuerpo y coloca las manos de quince a veinte centímetros frente a la cara, a la altura de la boca. Los ojos deberán estar cerrados.

Inhala por la nariz y exhala por la boca, dirigiendo el aliento a través de la apertura que existe entre los nudillos de los dedos pulgares. Exhala completamente. Continúa hasta que sientas sueño.

Yogi Bhajan, 24 de mayo, 1976.

Estimula tu sistema nervioso

Siéntate en postura fácil. Recoge un poco la barbilla y jala el pecho afuera. Saca la lengua lo más que puedas y manténla así mientras respiras por la boca. A esto se le llama *respiración de perro*. Continúa jadeando con esta respiración desde el diafragma de tres a cinco minutos.

Para terminar: inhala, sostén la respiración por quince segundos, presiona fuertemente la lengua contra el paladar superior y luego exhala, repite esta secuencia dos veces.

Este ejercicio da energía a tu sistema inmunológico para combatir las infecciones. También ayuda a reparar el sistema nervioso después del enojo. Es un ejercicio muy saludable. Cuando sientas un hormigueo en los dedos de los pies, los muslos y la espalda baja, es una señal de que estás haciendo el ejercicio correctamente.

Yogi Bhajan, *Reaching Me in Me*, 31 de enero, 1996.

Alivia el estrés y aclara las emociones del pasado

Esta meditación es especialmente útil para manejar con éxito las relaciones estresantes y los asuntos familiares del pasado.

Coloca las manos en el centro del pecho, con las puntas de los dedos tocándose con el dedo correspondiente de la otra mano. Hay un espacio entre las palmas. La punta de los dedos está hacia arriba. Concéntrate en la punta de la nariz y respira cuatro veces por minuto:

Inhala en cinco segundos, sostén cinco segundos y exhala en cinco segundos.

Continúa por once minutos o hasta que sientas alivio del estrés.

Yogi Bhajan, *Physical Wisdom.*

Capítulo 19

Respiraciones

Respiración larga y profunda, la más recomendable para el trabajo de parto

En la vida actual no tenemos el hábito de respirar profundamente. La respiración es usualmente irregular y superficial, lo que nos lleva a adoptar una posición totalmente emocional frente a la vida, provoca tensión crónica y nervios débiles. Ya que la respiración es la que nos mantiene minuto a minuto, es aún más importante para nosotros que el alimento o el agua.

Respirar profundamente es revivir. El llenar los pulmones de oxígeno significa llenar el cuerpo de vitalidad.

Cómo se hace la respiración abdominal

Es importante usar ropa holgada que permita el movimiento del diafragma.

Inhala lentamente, relajando el abdomen y llenándolo de aire. Continúa metiendo aire hasta llenar tus pulmones y expandir el pecho.

Al exhalar, saca el aire por la nariz, dejando que los pulmones se vacíen primero, esto hará que tu pecho se relaje. Continúa sacando suavemente el aire hasta que el estómago esté completamente libre de aire.

Al inhalar, el diafragma se baja para que los pulmones se expandan, y se contrae al exhalar.

Mira los beneficios que puedes lograr:

Al hacer una respiración yóguica profunda, puedes expandir tus pulmones hasta ocho veces. Si estableces la costumbre de respirar larga, profunda y lentamente, adquirirás resistencia y paciencia.

Si puedes bajar el ritmo de la respiración para que sea menos de ocho veces por minuto, la glándula pituitaria secreta hormonas a toda su capacidad. Pero si logras respirar menos de cuatro veces por minuto, entonces la glándula pineal funciona a toda su capacidad y la meditación es automática.

Mira los efectos que tiene esta respiración:

1. Te relajará y calmará. Es un tipo de relajación activa, no pasiva, hará que las decisiones correctas fluyan automáticamente en situaciones de crisis.
2. Llenar tus pulmones a su capacidad alimentará tu campo electromagnético. Lo revitaliza y ajusta, te hará menos susceptible a accidentes, enfermedades, contagios o que te llegue la famosa "mala vibra".
3. Bombea el fluido espinal hacia el cerebro, dando gran energía.
4. Regula el PH (ácido alcalino) que afecta tu habilidad de manejar las situaciones de tensión.
5. Reduce y previene la retención de tóxicos y la acumulación de mucosidad en los alvéolos pulmonares.
6. Estimula la producción de químicos (endorfinas) en el cerebro, que eliminan la tendencia a la depresión.
7. Limpia la sangre.
8. Energetiza y produce mayor estado de alerta y conciencia por la fuerza de vida (prana) en el oxígeno.
9. Da claridad y positividad.

10. Ayuda a desbloquear meridianos de energía.

11. Activa y limpia canales nerviosos.

12. Apresura la curación emocional y física.

13. Ayuda a romper patrones de hábitos subconscientes inde-
    seables y adicciones.

14. Reduce la inseguridad y el miedo.

15. Reduce o elimina el dolor (ejemplo: a la hora del parto).

16. Restaura el aura (campo electromagnético).

17. Brinda la capacidad de controlar la negatividad y las emocio-
    nes.

18. En cuanto la capacidad pulmonar aumenta, la glándula pi-
    tuitaria empieza a secretar hormonas y el poder intuitivo de
    la mente se desarrolla.

Yogi Bhajan, *Aquarian Teacher*, p. 92

Respiración por la fosa nasal izquierda
Relajante: incrementa la energía lunar

A través del acto de cerrar o abrir una de las fosas nasales se tiene un amplio margen de técnicas para controlar el estado de ánimo y la energía. La cualidad del prana que se procesa a través de las fosas nasales difiere dependiendo de las cualidades asociadas a ambos lados del cerebro. Los nervios que salen de ambos hemisferios se cruzan al nivel de las cejas. El hemisferio izquierdo se conecta con el lado derecho del cuerpo y la fosa nasal derecha; el hemisferio derecho, con el lado izquierdo del cuerpo y la fosa nasal izquierda.

En cualquier momento, la respiración predomina a través de una de las fosas nasales, alternándose rítmicamente cada 90 a 150 minutos. La duración del ciclo refleja los ritmos universales, el temperamento individual, el estado personal de la mente y del balance físico. El ritmo por sí solo, es mediado principalmente a través de estructuras en el hipotálamo y la pituitaria, a pesar de que otras áreas del cerebro también están involucradas.

Puedes utilizar la técnica de inhalar y exhalar exclusivamente ya sea a través de la fosa nasal izquierda o derecha, con objeto de beneficiarse de la cualidad asociada con esa fosa. Por ejemplo, respira exclusivamente a través de la fosa nasal izquierda para afrontar hábitos compulsivos de comer.

Yogi Bhajan, *Aquarian Teacher*, p. 96.

Respirar por la fosa izquierda, calma la mente y los nervios alterados. Es de mucha ayuda para conciliar el sueño, mejorar la digestión y puede ayudar a bajar la presión arterial cuando está alta. Además, incrementará los elementos que purifican la química sanguínea y te ayudará a perfeccionar la meditación.

Se recomienda practicarla para hacer actividades importantes, especialmente darle estabilidad a tu vida.

Si quieres alterar un estado no deseado, sólo respira por la fosa nasal más congestionada. Al alterar el flujo de la respiración nasal, la química cerebral cambia gradualmente y los estados emocionales y psíquicos desaparecerán poco a poco.

Para estados de mucha inquietud y nerviosismo, siéntate en postura fácil con la columna recta. Bloquea la fosa nasal derecha con el pulgar derecho, manteniendo los otros dedos hacia arriba como antenas. Haz 26 respiraciones largas, profundas y completas a través de la fosa nasal izquierda, después inhala y relaja. Esto te tranquilizará y te mantendrá en un estado de calma.

Yogi Bhajan, *Praana, Praanee, Praanayam,* p. 107.

Respiración por la fosa nasal derecha
Estimulante de la energía solar

La respiración por la fosa derecha, energetiza y balancea la irritabilidad, la depresión y estados mentales extraños. Se recomienda para actividades físicas, discusiones, debates y para manejar el automóvil. Ayuda también a subir la presión arterial cuando está baja. Incrementa el vigor y la estamina.

Si estás extremadamente cansada, durmiéndote y necesitas más energía, respira por la fosa nasal derecha.

Siéntate en postura fácil con la columna recta. Bloquea la fosa nasal izquierda con el pulgar izquierdo, manteniendo los demás dedos rectos y ligeramente separados. Inhala y exhala larga y profundamente por la fosa nasal derecha, con respiraciones profundas.

Esta respiración te proporciona vigor, estado de alerta, fuerza de voluntad, concentración y estar lista para entrar en acción.

Yogi Bhajan, *Aquarian Teacher*, p. 96.

Alternando las fosas nasales
Para equilibrar las emociones

Cómo se hace

La respiración siempre debe ser relajada, profunda y completa.

Coloca la mano izquierda sobre la rodilla en gian mudra.

Utiliza el pulgar de la mano derecha para bloquear la fosa nasal derecha y el índice o anular (de la mano derecha) para bloquear la fosa izquierda.

- Bloquea la fosa derecha y gentil y completamente inhala a través de la fosa izquierda.
- Cierra la fosa izquierda y exhala a través de la fosa derecha.
- Ahora inhala a través de la fosa derecha.
- Bloquea la fosa derecha y exhala por la fosa izquierda.

Continúa repitiendo, alternando las fosas nasales después de cada inhalación.

Beneficios

- Hace que todo el cerebro funcione al balancear los hemisferios derecho e izquierdo.
- Crea una profunda sensación de bienestar y armonía a nivel físico, mental y emocional.
- Puede aliviar dolor de cabeza, migraña y otros síntomas de estrés.
- Al inhalar por la izquierda y exhalar por la derecha, ayuda a calmarse e integra las emociones negativas no deseadas y el estrés. Excelente para antes de acostarse.
- Al inhalar por la derecha y exhalar por la izquierda, proporciona claridad y estado de ánimo positivo. Ayuda a concentrarse en lo que es importante.

Yogi Bhajan, *Aquarian Teacher*, p. 96.

Respiración sitali pranayama

Sitali pranayama es una práctica muy conocida. A menudo se usa esta respiración para regular fiebres y presión arterial, al igual que molestias digestivas. Refresca la columna vertebral en el área de la cuarta, quinta y sexta vértebra. Esto a su vez, regula la energía sexual y digestiva. Se le atribuyen grandes poderes de rejuvenecimiento y desintoxicación a esta respiración cuando es practicada regularmente.

Si haces 54 respiraciones diarias (27 por la mañana y 27 por la noche), podrás alargar tu vida. Cuando se comienza a hacer esta práctica, la lengua puede tomar sabor amargo, que es una señal de desintoxicación. Conforme continúes, el sabor de la lengua se ira convirtiendo en dulce.

Para hacerla sólo tienes que enrollar la lengua longitudinalmente, en forma de canal y extender la punta de la lengua un poco afuera de los labios. A través de la lengua enrollada inhala profundamente, llevando el aire hacia adentro de la boca. Exhala por la nariz. Mantén la concentración en el entrecejo. Continúa por cinco minutos.

Para finalizar, inhala y mantén el aire adentro. Mete la lengua. Exhala y relájate. Puedes repetir el ciclo dos periodos más, cada uno de cinco minutos.

Yogi Bhajan, *Aquarian Teacher*, p. 97.

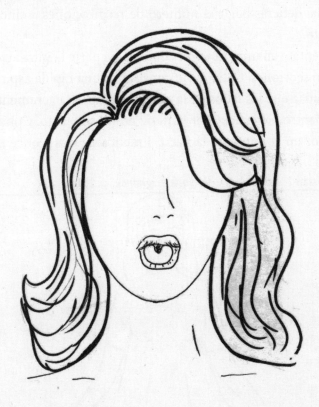

Respiración segmentada

Esta es una respiración de cuatro golpes que abre la capacidad pulmonar para absorber más oxígeno necesario para vivir. Se usa para curarse a sí mismo y terminar las depresiones. Te dará paciencia, tolerancia y Dios sabe qùé más… lo que quieras. Vives por la respiración, el alimento sólo te nutre, mueres por la respiración. Así es que aprende a respirar. En promedio, hacemos quince respiraciones por minuto. Si quieres tener éxito en la vida, deberás bajar el número de respiraciones a cinco por minuto.

Siéntate en una posición cómoda. Se parte la inhalación en cuatro secciones. Cada parte consiste en una rápida aspiración que causa que los lados de la nariz se colapsen ligeramente hacia adentro. Se exhala por la nariz en un solo acto. Concentra los ojos en la punta de la nariz. Practica de tres a once minutos.

Tarn Taran Kaur Khalsa, *Conscious Pregnancy*, p. 231.

Respiraciones de silbido

Este tipo de respiración se hace formando un pequeño orificio entre los labios fruncidos. Al inhalar haz un fuerte silbido en tono alto. Exhala por la nariz.

Otra variante consiste en inhalar por la nariz y exhalar por los labios fruncidos. Escucha el sonido del tono alto cuando respiras. Esta respiración cambia la circulación y activa las glándulas superiores, tales como la tiroides y paratiroides, limpia la sangre y expande la capacidad pulmonar.

Otra forma se hace respirando largo y profundo por la boca, silbando tanto en la inhalación como en la exhalación. Ésta es una respiración muy relajante. Continúa de tres a once minutos.

Yogi Bhajan, *Aquarian Teacher*, p. 97.

Observación de la respiración

El carácter de tus pensamientos y emociones se refleja en el movimiento y en el nivel de la energía de la respiración. Uno de los primeros hábitos de un yogui es observar el estado de la respiración. Si aprendes a conocer tu estado normal, podrás darte cuenta de lo que afecta la salud, así como lo que la ayuda. Puedes evitar muchas enfermedades y malas decisiones. También activa la intuición cuando hay cambios en el medio ambiente y desarrolla la conciencia para comprender lo que los otros influyen en ti.

Simplemente siente el aire entrar y salir. Cuenta las inhalaciones y exhalaciones hasta que pase la crisis, luego tranquilamente evalúa la situación y hazle frente.

Esta técnica desarrolla estabilidad y paciencia. Puede ayudar a controlarse en situaciones de estrés y para ello hace que los pensamientos conmocionales que surgen en tales situaciones, no te gobiernen ni te hagan reaccionar ciega o tontamente.

Observar la respiración es efectivo, ya que puede aplicarse donde sea y cuando sea, porque la respiración nunca se detiene.

Existe una explicación fisiológica respecto a la efectividad de esta técnica para hacer frente a las crisis de estrés. Cuando ocurre un evento que peligrosamente reta tu paciencia o pone en peligro la seguridad de alguna manera, el corazón se acelera, los músculos se contraen y la respiración se vuelve superficial y rápida. Si normalmente haces dieciséis respiraciones por minuto, en una crisis probablemente harás alrededor de 32.

Al observar la propia respiración, ésta automáticamente reduce su ritmo, lo que provoca que, automáticamente, te relajes. El pulso se normaliza y los músculos abandonan la tensión. Si puedes relajarte en una crisis, podrás resolverla.

Capítulo 20

Para el momento del parto

Respiración superficial

Nota: esta respiración necesita realizarse correctamente, más no es conveniente que la practiques antes del trabajo de parto, ya que por su fuerza puede provocar contracciones.

Es una forma muy útil de respirar durante la fase de transición, porque al tener el diafragma poco movimiento, no entorpece el trabajo del útero. La respiración rápida acrecienta el caudal del oxígeno hacia el músculo uterino en el momento en que el trabajo es más intenso.

Esta respiración se hace por la boca, inhalando poco aire y exhalándolo inmediatamente, intercalando inhalaciones profundas. No se debe abusar de esta respiración. En esta fase del proceso, la respiración debe utilizar únicamente el extremo de los pulmones y escucharse levemente. No te inquietes si el abdomen se mueve. Se recomienda esta respiración sólo durante la fase de transición.

Cómo se hace

Frunce los labios como si fueras a silbar y apoya la lengua contra el interior de los dientes inferiores para que no se seque tu mucosa bucal pues podría provocarte tos. Puedes enjuagarte la boca entre una y otra contracción, pero *sin tragar el agua*. En

algunos hospitales te ofrecen cubitos de hielo para chupar y
rehacer la saliva. Al comenzar la contracción, haz:

- Una profunda inhalación.
- Una profunda exhalación.
- Diez inhalaciones y exhalaciones cortas a
  un ritmo acelerado, durante unos cinco
  segundos, o durante el tiempo que dura la
  contracción.
- Una profunda exhalación.
- De nuevo diez respiraciones superficiales,
  cortas y aceleradas.
- Una profunda exhalación.

Al finalizar la contracción, termina con:

- Una profunda inhalación.
- Una profunda exhalación.

Cuando estés suficientemente entrenada, aumenta el ritmo de
la respiración para adaptarla a la intensidad de la contracción.
En otras palabras:

Cuanto más intensa sea la contracción,
más acelerada será la respiración

Respiración de pujo

Esta respiración debe practicarse hasta que ya tengas diez cm
de dilatación, el momento de pujar.

Sobre la espalda, separa las rodillas y elévala al pecho levantando la cabeza. Debes mantener relajado el piso pélvico (como
si soltaras la orina), aunque bajes la cabeza para inhalar.

- Inhala y empuja con el diafragma.
- Relaja el piso pélvico.

Respiración jadeante

Cuando sientas muchos deseos de pujar, debes saber cuánto ha dilatado el cuello de la matriz, te lo dirá el médico. Si no estás lista, detén todo esfuerzo.

Éste es un momento importante, ya que si el bebé tarda en pasar por el canal, podrá tener problemas posteriores, como no soportar el agua en la cara, ni le gustará bañarse. También puede causar asma, miedo o deseos de morir en la vida adulta. Algunas veces, la causa del miedo en el adulto es la falta de oxígeno al nacer.

Tu mente debe estar enfocada en la respiración. Para mantener el sistema muscular relajado, coloca las manos en gian mudra (tocando la punta de los dedos índice y pulgar de cada mano). Revisa que tus labios estén relajados ya que se relacionan con los labios vaginales y si están contraídos podrás tener problemas para "abrir la puerta" y permitir que salga tu bebé.

Cómo se hace

Para soportar los deseos de pujar cuando no estás lista, coloca la lengua atrás de los dientes inferiores y haz una profunda inhalación por la nariz. Exhala sacando poderosamente el aire emitiendo el sonido de PUH, como apagando una vela, *sin dejar de abrir el piso pélvico*. Cuida que sea una respiración rítmica y larga. Te dará mucha calma y aguantarás hasta que estés lista para pujar.

Si gritas descontroladamente perderás la concentración y podrás sentir mucho miedo.

Capítulo 21

Según el mes en que nacerá tu bebé

No solamente somos un cuerpo físico. Además, estamos compuestos por diez cuerpos espirituales. A continuación podrás encontrar cuáles son estos cuerpos y la virtud que deberá desarrollar cada uno:

Los diez cuerpos espirituales y sus virtudes

Primer cuerpo	El alma	Humildad
Segundo cuerpo	La mente negativa o protectiva	Obediencia
Tercer cuerpo	La mente positiva o proyectiva	Igualdad
Cuarto cuerpo	La mente neutral	Compasión
Quinto cuerpo	El cuerpo físico	Sacrificio
Sexto cuerpo	El arco de luz	Justicia
Séptimo cuerpo	El aura	Misericordia
Octavo cuerpo	El cuerpo pránico	Pureza
Noveno cuerpo	El cuerpo sutil	Calma
Décimo cuerpo	El cuerpo radiante	Valentía

Cada uno de estos diez cuerpos afecta el funcionamiento energetico de nuestro ser. Los obstáculos que se encuentran en el proceso de evolución de nuestra vida, tanto si están en el aspecto físico, como psíquico o espiritual, siempre van ligados con estos diez cuerpos espirituales, que necesitan estar equilibrados y libres de bloqueos energéticos.

Según la numerología tántrica, el mes en el que nacemos, representa nuestro karma y está relacionado con el cuerpo espiritual según su número. Por ejemplo, si esperas que tu bebé nazca en febrero, quiere decir que podrás ayudarle desde ahora, a trabajar su mente negativa o protectora y su virtud a desarrollar, que será la obediencia. Para los que nacen en diciembre, que es el mes doce, sumamos el 1 + 2 y nos da 3, que representa la mente positiva o proyectiva. Tendrás que meditar en el mantra para desarrollar en tu hijo la virtud de ese número que es la igualdad. El número 11, representa todos los cuerpos. La meditación para el número 11 es la misma que para el número 1 de enero.

¿Para qué repetir un mantra?

Repetir el mantra del mes en el que va a nacer tu hijo le ayudará a limpiar su karma desde antes de nacer, le ahorrará trabajo y le facilitará su paso por esta vida.

Tu bendición es que puedes comenzar a limpiar su karma mientras esté en tu vientre, repitiendo el mantra del mes en el que nacerá. En caso de que naciera en otro mes, no le afectará la meditación realizada. La repetición de alabanzas a Dios, nunca podrá tener efectos negativos.

¿Qué es el karma?

Representa lo que hay que trabajar, lo que se necesita perfeccionar en uno mismo para sentirse encaminado espiritualmente, dentro del mundo.

Todas nuestras acciones y pensamientos crean una ola de energía, una vibración. Es como cuando cae una piedra en el agua y provoca olas concéntricas expandiéndose más allá de la piedra; el karma tiene este mismo efecto. Cada acción y cada pensamiento crean olas que nos afectan individualmente, al entorno y a quienes nos rodean. Constantemente, el karma está directa o indirectamente afectándonos.

El karma es el proceso de acción y reacción. Esto quiere decir que todo aquello que se haga o se piense, se multiplicará por diez: Todo pensamiento o acción consciente, bondadoso, de ayuda, compasivo, en una palabra positivo, se nos devolverá diez veces y con la misma energía; las manifestaciones negativas también las recibiremos diez veces y con la misma energía. *Ésta es una ley cósmica. Es la ley del karma.*

La vida es como una rueda, es un proceso continuo de reencarnaciones: nacemos, crecemos, envejecemos, morimos y volvemos a reencarnar. En cada vida que existimos estamos sujetos a aquello que hemos traído de vidas pasadas y a las consecuencias de la vida actual. Todo ello crea el karma para la próxima reencarnación. La razón por la que vivimos en este planeta es la de trabajar conscientemente para liberarnos del karma, para no tener que estar sujetos a este proceso de acción y reacción, de no tener que continuar atados a la rueda de la vida.

Para conseguir desligarnos de este proceso se debe buscar lo que se llama el dharma, que literalmente quiere decir camino de rectitud, de acción correcta. El dharma, es el camino espiritual. Puede ser cualquier camino, cualquier forma. Se puede ser católico, judío, yogui, budista, no dar ningún nombre a la creencia que se sigue, o darle el nombre que se quiera, pero el camino espiritual, cuando se vive con rectitud, íntegra, correcta y conscientemente es el dharma. Las antiguas escrituras dicen que "ahí donde hay dharma, no hay karma". Esto es lo que nos libera del karma.

El karma determina la relación con el mundo externo, representa la relación con los demás, cómo nos tratan, y cómo nosotros los tratamos, cómo vivimos aquí y ahora.

Cómo repetir los mantras

Puedes hacerlo en un solo tono, como mínimo tus *tres minutos* diarios o con una mala, que es una herramienta efectiva para meditar que puede ayudarte a reducir el estrés, exalta la sabiduría, la paciencia y la salud. Una mala consiste en 108, 54 ó 27 cuentas enlazadas en un hilo de seda, con una cuenta más grande, de donde cuelga un "penacho", el cual simboliza la flor de loto de los mil pétalos.

El uso de diferentes dedos con la mala. Cada dedo que utilices se relaciona con una parte diferente del cerebro. Si corres la mala sobre el primer segmento de cada dedo, entre la punta y el primer nudillo, se crea un resultado diferente.

- Dedo índice (Júpiter): sabiduría, conocimiento y prosperidad.
- Dedo medio (Saturno): paciencia.
- Dedo anular (Sol): salud, vitalidad y sistema nervioso fuerte.
- Dedo meñique (Mercurio): comunicación e inteligencia.

Cómo usar la mala. Puede usarse con cualquier mano. Siempre comienza con la cuenta que está junto a la mayor. Al repetir el mantra, mueve con el pulgar cada cuenta hacia tu cuerpo. De esta forma la cuenta mayor desciende y eventualmente asciende para ser la última de tu meditación. Cuando llegues a la cuenta mayor, sosténla mientras repites tu mantra y haces una oración. Para comenzar de nuevo voltea la mala sin la ayuda de la otra mano. Mueve las cuentas hacia ti y continúa.

Utilizando la mala con un mantra. Cuando recites el mantra *sat nam* mueve sólo una cuenta por ambas palabras. Con el mantra *vaje guru*, mueve solo una cuenta por las dos palabras. También puedes usar el mantra *sat nam, vaje guru*, con el movimiento de sólo una cuenta. Puedes usar cualquier afirmación o mantra que escojas. Generalmente, se mueve una cuenta por cada repetición del mantra. La recitación del mantra puede hacerse en silencio, en susurro o en voz alta.[1]

Puedes adquirirla en tiendas esotéricas, pero también la puedes elaborar con cuarzos o alguna piedra que te guste. Dentro de la práctica del Kundalini Yoga hay discos con cantos bellísimos que puedes adquirir en los centros de yoga. Canta el tiempo que desees, en postura fácil con tus manos sobre tu vientre, comunicándote con tu bebé.

Los mantras se pronuncian tal como están escritos. Les he puesto un acento para que puedas llevar el ritmo, si no encuentras la música.

Observa que muchos de los mantras contienen la palabra gurú. Es la tecnología que te lleva de la ignorancia al conocimiento, o de la oscuridad a la luz. No se refiere a una persona física, significa sabiduría infinita.

Su regalo divino

También podrás conocer los talentos que tendrá tu hijo al sumar los dos últimos dígitos del año de su nacimiento, hasta lograr tener un número entre el 1 y el 11. Dentro de las siguientes meditaciones, busca el número que está junto al mes. Serán sus cualidades y su regalo divino. Si meditas con ese mantra, exaltarás estas cualidades.

[1] Yogi Bhajan, *Aquarian Teacher*, p. 137

1. Enero

Desarrollará la humildad, la creatividad y despejará el conflicto entre lo que se siente y lo que se piensa. Podrá comunicarse
automáticamente con el alma, si trabajas esta energía por encima del agotamiento. Tu hijo vivirá con un sentimiento neutro,
tendrá la capacidad de saber lo que es correcto aunque parezca
que no tenga un sentido lógico. Podrá controlar también la
mente (intelecto) y el corazón (emoción).

MULMANTRA

Ek Ong Kár

Sat Nám

Karta Púrk

Nirbó Nirvér

Akál Múrt

Allhuní

Sebáng

Gur Prasád

Lláp

Ad Sách

Llugad Sách

Je Bi Sách

Nának Josi Bí Sach

Traducción:
Hay un Creador,
su nombre es la verdad,
Él es el que hace todo,
no siente miedo, ni venganza,
no muere,
no nace.

Surgió de sí mismo,
esto es conocido por la gracia del verdadero gurú,
¡medita!,
Él fue verdad en el principio,
ha sido verdad a través de todas los tiempos,
Él es verdad ahora,
y será verdad, a través de todas las épocas.

2. Febrero

Desarrollará la obediencia. Es un cuerpo mental. Le dará el discernimiento, el don de la previsión, le avisará del peligro y ayudará a crear planes de contingencia. Hará frente a las situaciones y calculará automáticamente el peligro que de ellas se puede derivar, tanto para ellos mismos como para los demás. Podrá escoger los compañeros o amigos sin dejarse dominar por lo que pensará el otro. No se sentirá herido por nada ni por nadie, se podrá liberar de las emociones y de las negatividad porque se unirá a la propia relación divina. Obtendrá vitalidad interior y podrá mejorar su comunicación. Desarrollará la intuición absoluta.

Tip de los sabios

Para detener un pensamiento negativo o cuando la mente está atrapada en un patrón recurrente de pensamientos negativos, inhala profundamente y canta en un solo tono cinco veces en una respiración:

SIRI MANTRA

EK ONG KAR
SAT GURU PRASAD
SAT GURU PRASAD
EK ONG KAR

Traducción:
Hay un solo Creador.
La verdad es revelada a través de la gracia de la sabiduría infinita.

3. Marzo

Desarrollará la igualdad y la positividad. Su mente positiva le dejará ver todos los detalles de las relaciones y las personas. Tendrá la habilidad para ver la luz y lo bueno que hay alrededor. Actuará controlada y armónicamente, con la valentía suficiente para ofrecer disculpas y aclarar situaciones si ha dañado a otra persona. Podrá valorar la parte negativa y la parte positiva de cualquier situación o relación y se comprometerá lo necesario, según lo que vea claro o no. Comprenderá que el concepto de ser próspero a todos los niveles, de sentirse lleno en esta vida, proviene de ser consciente, de que no hay falta de suministro, sino de demanda.

JAR JARÉ JARÍ
VA JE GURÚ

Traducción:
Jar: el Uno, el Dios desconocido.
Jaré: el Uno unido.
Jarí: el Uno proyectado, energía generativa, el Dios conocido.
Vaje Guru: expresión de alegría. El éxtasis de la conciencia.

4. Abril

Desarrollará la compasión, la integración y el servicio. Evaluará el potencial de sus mentes positiva y negativa (así como el resto de sus cuerpos espirituales) y las orientará en un lapso de nueve segundos. Podrá entrar en contacto con el alma y mirar con compasión toda manifestación de la vida, permitiéndose servir a los demás desde un plano muy elevado de conciencia. Tendrá la capacidad de escuchar, observar, dejar que los demás hablen y discutan, para así tener tiempo de tomar una decisión o tener una opinión neutral respecto al proceso en que se encuentre involucrado y actuará dentro de la verdad. Dominará el ego, tendrá una gran facultad de plegaria y podrá llevar su mente a un nivel tan alto, que toda proyección mental que haga hacia otra persona, le afectará profundamente en su estado de conciencia y la ayudará en su destino positivamente.

GURU MANTRA

GURU GURÚ
VAJE GURÚ
GURÚ RAM DÁS GURÚ

Traducción:
Sabio, sabio es aquel que sirve al infinito.

5. Mayo

Desarrollará la virtud del autosacrificio, el equilibrio y la enseñanza. Será un conversador flexible, elocuente, compartirá lo que sepa, enseñando a los demás. Será capaz y siempre dispuesto a hacer todo aquello que haga falta para dominar su cuerpo físico y evolucionar espiritualmente. Será una persona atenta, servicial y con buena disposición para ayudar a resolver conflictos o tensiones de los amigos o de quien sea que necesite ayuda. Tendrá la fuerza de voluntad para experimentar aquello que entienda que le puede ser una ayuda para estar fuerte, tanto psíquica como físicamente.

AD GURÉ NAMÉ

AD GURÉ NAMÉ
YUGAD GURÉ NAMÉ
SAT GURÉ NAMÉ
SIRI GURU DEVE NAMÉ

Traducción:
Me postro ante el gurú primario.
Me postro ante el gurú de todas las épocas.
Me postro ante el verdadero gurú.
Me postro ante el transparente y gran gurú.

6. Junio

Desarrollará la justicia, la protección, la proyección y la intuición. Regulará el sistema nervioso y el equilibrio glandular. Protegerá el centro de su corazón. Psíquicamente, será una persona centrada y con capacidad de influir con su proyección mental, positiva y activamente, tanto en los demás como en ella misma. En momentos de confusión podrá concentrarse con rapidez y actuar y pensar correctamente. Será una persona que calme y relaje a los que se encuentren a su lado. Es el número llamado de la paz.

ARDÁS BAÍ

ARDÁS BAÍ
AMAR DÁS GURÚ
AMAR DÁS GURÚ
ARDÁS BAÍ

RAM DÁS GURÚ
RAM DÁS GURÚ
RAM DÁS GURÚ
SACHE SAJÍ

Traducción:
Esta es la oración que contesta todos los rezos, aun los que no se han dicho. Ayuda a combatir el enojo.

7. Julio

Desarrollará la misericordia. Su sola presencia inspirará a los demás. Descubrirá que el canto es un medio para elevarse a sí mismo y a los demás. Será una persona fuerte, segura y con tal presencia que causará una gran impresión. Quien esté a su lado se relajará y se sentirá bien. No le hará falta hablar demasiado, porque sabrá decir lo justo, claramente. Su aura será potente para no confundir la mente. Será capaz de moverse dentro de cualquier situación y sentirse confiado.

VAJE GURÚ

VAJE GURÚ
VAJE GURÚ
VAJE GURÚ
VAJE LLIO

Traducción:
Extasiada está mi alma, que mora en el Señor.

8. Agosto

Desarrollará la energía, el valor, la autoiniciación y la pureza.
Será una persona con un talento especial para hacer negocios.
Sabrá respirar muy profundo, lo que lo llevará a un estado natural de calma. Será un buen estratega, planificador a largo plazo, con la garantía de superar cualquier esfuerzo. Su sola presencia será vida y energía para los demás, dándoles esperanza.
Tendrá talento para la sanación.

RA MA DA SA

RA MA DA SA
SA SE SO JONG

Traducción:
RA: *energía del sol, que energetiza.*
MA: *energía de la luna, que nutre y refresca.*
DA: *energía de la tierra, que es segura, personal y el fundamento*
        de la acción.
SA: *el infinito impersonal.*
SE: *la totalidad de la experiencia.*
SO: *el sentido personal de la fusión y la identidad.*
JONG: *El infinito, vibrando y real.*

Esta meditación puede hacerse cuando tengas un enfermo al
que quieras enviarle energía de sanación, sin importar en el
mes que haya nacido, ni el lugar donde se encuentre. Con mayor razón, si es tu hijo quien está enfermo.

9. Septiembre

Desarrollará la calma, la sutileza, la tranquilidad y la maestría. Tendrá facilidad para crear sistemas y para estudiar, porque aprenderá con rapidez. Dominará las situaciones. Podrá ser un buen historiador y muy profundo en sus conceptos o será como mariposas volando. Irá más allá de lo obvio, nada en la vida será misterio. Podrá ser muy perceptivo, lo que le ayudará a trascender el misterio y conseguir la maestría y el conocimiento profundo de la realidad. Será afectuoso, atento y observador, incluso su apariencia tendrá una imagen elegante que causará un buen efecto. Se expresará con delicadeza.

AP SAJAE JOA

AP SAJAE JOA
SACHE DA SACHA JOA
JAR JAR JAR

Traducción:
El Señor mismo se ha convertido en mi protector.
La verdad de las verdules cuida de mí.
Dios, Dios, Dios.
Mantra para la prosperidad y la protección.

10. Octubre

Desarrollará la valentía, la nobleza y la radiancia (que se localiza en el cabello). Será muy creativo, positivo o totalmente lo contrario. Ningún tipo de negatividad exterior podrá penetrarle y neutralizará toda clase de negatividad interior. Tendrá una proyección de majestuosidad y gracia y una presencia magnética que provocará el respeto de todas las personas con quien trate. De espíritu fuerte y audaz, con capacidad de decisión. Cuando se equivoque no se desesperará, siempre sabrá obtener la experiencia positiva. Será una persona confiable, con proyección externa.

GOBINDE, MUKANDE

GOBÍNDE,
MUKÁNDE,
UDÁRE,
APÁRE,
JÁRIANG,
KÁRIANG,
NIRNÁME,
AKÁME

Traducción:
Sostenedor, libertador, iluminador, infinito, destructor, creador, sin nombre, sin deseos.

11. Noviembre

Desarrollará la totalidad y el centro de mando. Tendrá la flexibilidad y el dominio naturales para expresar cualquiera de los diez cuerpos espirituales en forma óptima y en cualquier momento. Saldrá avante en cualquier situación de la vida y sabrá la forma adecuada de entrar en contacto con cualquier parte de su ser. Tendrá dominio del plano físico y libre acceso al plano espiritual. Es a partir del centro de mando que logrará la realización y la perfección de su ser, pues ejercerá el poderío sobre sus diez cuerpos espirituales y los podrá utilizar en cualquier combinación y en cualquier momento, como instrumento de superación de su propia vida y como fuente de inspiración para los demás. Podrá dirigir todas las partes de su ser desde el espacio impersonal y expansivo que le permita que el infinito fluya a través de él en todo momento.

ANG SANG VAJE GURÚ	*MUL MANTRA*	*VAJE GURÚ*
En cada célula de mi ser, se encuentra la presencia de Dios.	El mantra se encuentra en el mes de enero.	Para experimentar la presencia divina.

12. Diciembre

Diciembre es el mes 12, para
saber cuál es su Karma,
sumamos el $1 + 2 = 3$, así es
que las características y el
mantra, son las mismas del número 3.

Capítulo 22

Ejercicios para tu pareja

Para tu pareja
Ejercicios para equilibrar la energía sexual

Éstos son algunos tips de los sabios, para tener la energía sexual bajo control:

Evita comer ajo, cebolla, picante y alimentos muy condimentados. Sustitúyelos por fibra vegetal o granos, pero mastícalos muy bien. La masticación con vigor enfría el piso pélvico ayudando a contrarrestar su calor. Así es que *¡mastica todo el tiempo!* Para esto, la zanahoria en tiras es muy recomendable. Come alimentos con proteínas y haz largas caminatas con tu pareja. Platiquen mucho y conquístala nuevamente. Ella necesita de tus cuidados, de tu protección. Respeta y honra su estado, disfrútense y compartan la alegría de esperar un hijo. El embarazo termina pronto y tendrán que organizar su tiempo para estar juntos nuevamente. Sé paciente y comprensivo.

Postura de silla:

Esta postura revitaliza y balancea el sistema sexual y sus órganos.

Cómo se hace

En cuclillas, con los pies separados 50 cm, poniendo los brazos entre los muslos y las pantorrillas (por adentro de los muslos y por fuera de las pantorrillas). Coloca las manos debajo de los talones, los muslos descansan en los codos y la columna está paralela al piso. También puedes colocar las palmas de las manos sobre la parte superior de los pies, en el empeine.

Yogi Bhajan, *Aquarian Teacher*, p. 313

Sat Kriya

Fortalece todo el sistema sexual y estimula el flujo natural de energía del cuerpo. Se relajan las fobias acerca de la sexualidad y permite que puedas controlar el impulso sexual insistente, recanalizando la energía sexual para tus actividades.

Cómo se hace

Siéntate sobre los talones y estira los brazos arriba de la cabeza, de manera que los codos aprieten las orejas.

Entrelaza todos los dedos excepto los índices que se apuntan hacia arriba. También puedes dejar las palmas juntas.

Comienza a cantar SAT NAM enfáticamente y en un ritmo constante de cerca de ocho veces cada diez segundos. Canta el sonido SAT desde el punto del ombligo y el plexo solar, jalando hacia la columna. En NAM relaja el abdomen. La respiración se regula por sí misma y la columna se mantiene recta. La contracción rítmica y la relajación producen ondas de energía que circulan, energetizan y sanan el cuerpo. Comienza por un minuto y aumenta progresivamente el tiempo hasta que logres tres minutos.

Para finalizar, inhala y aprieta los músculos fuertemente, desde los glúteos hasta la espalda. Mantén mientras te concentras en el área del tope de la cabeza. Exhala.

Inhala, exhala y mantén la respiración afuera mientras aplicas la siguiente cerradura:

Contrae la parte baja de la pelvis, levanta el diafragma, recoge la barbilla y aprieta todos los músculos desde los glúteos hasta el cuello.

Sostén la respiración afuera de cinco a veinte segundos, dependiendo de tu capacidad. Inhala y relájate.

Idealmente, debes relajarte el doble de tiempo del que practicas esta meditación.

Yogi Bhajan, *Aquarian Teacher*, p. 112.

Bibliografía

Gurumukh, *Bountiful, Beautiful, Blissful,* First St Martini's Griffin Edition, junio 2004.

Gurutej Singh Khalsa, *Elimine el estrés con Kundalini Yoga,* Fundación Cultural Kundalini, 1992.

MSS Shakti Parwha Kaur Khalsa, *La ciencia para mantenerse bien,* "La ducha fría durante el embarazo", volumen IV, núm. 2, 3HO International Headquarters, Los Ángeles, CA., 1997.

Ravi Kaur Khalsa y Sat Jiwan Kaur, *Kundalini yoga. Principios y práctica,* Fundación Cultural Kundalini, México, 1992.

Ravi Kaur Khalsa, *Capacitación Completa para Maestros de Kundalini Yoga,* nivel I: instructor, módulo II: salud y terapia, Anatomía Yóguica, Fundación Cultural Kundalini, 1996.

Ravi Kaur Khalsa, *Manual para el Curso para Instructores de Kundalini Yoga,* material de apoyo, nivel I, vol. 1 Fundación Cultural Kundalini.

Sat Kaur Khalsa y Ravi Kaur Khalsan *Manual para maestros,* t. I, Fundación Cultural Kundalini, México.

Sat Kaur Khalsa, *Néctar del Gurú*. *"Yoga para niños"*, vol. III, núm. 7, Boletín informativo de la Fundación Cultural Kundalini, México, enero-febrero, 1992.

Shakti Parwha Kaur Khalsa, *El flujo del poder eterno*, Time Capsule Books, Los Angeles, CA., 1996.

Sheila Kitzinger, *Nacer en Casa,* Editorial RBA Libros, www.rba-libros.com / rba-libros.es

Siri Amir Singh K, D. C., *El poder curativo de los alimentos*, traducido y editado en español por Sat Jiwan Kaur y Gurú Nam, Fundación Cultural Kundalini, México, 1992.

Tarn Taran Kaur Khalsa, *The gift of giving life,* Kundalini Research Institute, Pomona, California, 1983.

Tarn Taran Kaur Khalsa, *Conscious Pregnancy, The Gift of Living Life,* 3HO Women.

Wright Erna, *Parto psicoprofiláctico*, Editorial Pax México, México, 1966.

Sobre la autora

Akasha Kaur es maestra de Kundalini Yoga desde 1994, se especializó en impartir el taller "Embarazo feliz" a las parejas que esperan un hijo, cuyas enseñanzas se fundamentan en la ciencia de Humanología impartida por Yogi Bhayan (por su pronunciación en español), maestro de Kundalini Yoga y doctor en psicología, quién llegó a América en 1969, procedente de la India.

Conferencista, expositora, entrenadora de maestros, practicante de Reiki, nos comparte la filosofía del yoga para el embarazo y el parto, en forma amena y ágil, en este su segundo libro.

Incansablemente dedicada a entrenar a las futuras madres, busca que su mensaje llegue a todos los confines: "Traigamos a la vida seres de alta conciencia. Sólo así se logrará la paz en el planeta."

Recursos

Para clases de Kundalini Yoga para el embarazo en México

Akasha Kaur Yoga Center
Lirios No. 1
Fraccionamiento Casa Blanca
Metepec, Estado de México
52 (722) 319 9919 y 319 9920
52 (722) 168 5336
www.embarazofeliz.com
akashakaur@embarazofeliz.com
akashakaur@hotmail.com

Sitios para visitar

www.myyogaworks.com
www.atododharma.com
www.kundaliniyoga.es
www.parteras.org
www.women.3ho.org
www.3ho.org
yogainfo@3HO.org
www.kundaliniyoga.com
www.aquariantimesmagazine.com
atinfo@kiit.com
www.sikhnet.com
www.spiritvoyage.com
info@spiritvoyage.com

Este libro terminó de imprimirse en junio de 2007 en
Orsa y Asociados, S.A. de C.V., Chopo Núm. 594A,
Col. Arenal, 02980, México, D.F.